JN090811

図解入門
ビジネス

Shuwasystem Business Guide Book

How-nual

最新

債券

国債／社債
金利／価格
発行／償還
債券売買
債券先物

の

基本とカラクリが

よ～くわかる本

「債券取引・債券市場・債券投資」入門

［第4版］

久保田 博幸 著

秀和システム

はじめに

「債券の基本とカラクリがよ〜くわかる本」の初版が出たのが2008年4月でした。それから世界の金融市場は歴史的な激動期を迎えました。当時すでにサブプライム問題が深刻化しつつあり、それがきっかけで2008年9月のリーマン・ショックを引き起こし、世界の金融市場が大混乱となったのです。この金融経済ショックに対し、日米欧の各国は財政政策や金融政策を総動員しました。そのリーマン・ショックの影響も冷めやらぬ2009年の秋あたりから今度は欧州での不安が生じてきました。それが顕在化したのが2010年の初頭です。ギリシャの財政状況の悪化が表面化し、ギリシャ・ショックと呼ばれた欧州の信用不安を招いたのです。欧州の財政問題が浮上し、新たな金融経済危機が発生しましたが、日米欧ともにすでに財政出動には頼ることができず、対応は中央銀行による金融緩和などに委ねられることになりました。

二度に渡る世界的な金融経済危機がやっと収まりつつあるタイミングで現れたのがアベノミクスでした。デフレ脱却を目指し、日銀に対し大胆な金融緩和を求め、その結果、日銀は2013年4月に量的・質的緩和を決定しました。2年で2%の物価目標の達成を目指し、大量の国債を買い入れることを決定したのです。その後、2014年10月の量的・質的緩和の拡大や2016年1月のマイナス金利付き量的・質的緩和により、10年国債の利回りがマイナスとなるなど債券市場は経験したことのない異常な事態となりました。金融業界からマイナス金利政策への批判も強まり、その結果、日銀が決定したのが長短金利操作付き量的・質的緩和であり、これによりイールドカーブ・コントロールが採用され、日銀はそれまで市場で形成されるべきとしていた長期金利を自らのコントロール下に置いたのです。

物価が低迷していた際にはこれによる副作用が顕在化しませんでしたが、2022年あたりから世界的な物価上昇がこの状況を一変させたのです。ただし、この本はあくまでより多くの方に債券のことを知ってもらうことを目的に書いたものであり、債券の基本的なところを理解していただいたうえで、いまの金利や債券市場の状況についてもこの本を参考に考えていただけるとうれしいです。

2023年10月　久保田博幸

図解入門ビジネス
最新債券の基本とカラクリがよ〜くわかる本 [第4版]
CONTENTS

第4章 債券の発行から償還まで

第5章 債券市場の仕組み

DATA 資料

第 **1** 章

債券の基礎知識

債券は国や企業がお金を調達するための重要な手段であ
り、巨額の資金を運用している銀行や生命保険会社にとり、
お金の運用先としての重要な役割を持っています。債券とは
具体的にはどういうものであり、それを売り買いしている債
券市場とはどのようなところなのでしょうか。

1-1
債券とは何か

債券は本来、紙に書かれたお金を借りるための証書です。今はほとんどがコンピューターで管理されていますが、紙で発行されていたときには満期になると返ってくる金額の書かれた本券にクーポンと呼ばれた利子の書かれた札が付いていました。

▶▶ 債券とは「借用証書」

債券とは何でしょうか。その説明として「借用証書」という言葉がよく使われます。債券とは、国や企業などが、不特定多数の人から巨額の資金を借りるときに出す「借用証書」というわけです。債券はもともと紙で印刷された証券でした。証券一枚毎に額面金額が印刷され、事前に決められた償還時にはその金額が返済されることを意味しています。債券の紙自体に財産価値があり、これは「**有価証券**」と呼ばれます。また、このような借用証書を出すことを、債券を「発行」すると言います。

ただし、最近発行されている債券には証書はなく、ペーパーレスが主流となっています。証書はなくても、購入者等は電子上でしっかりと記録されていますので心配はいりません。

個人向け国債の最低額面単位は1万円ですが、個人向け国債以外の国債の最低額面は5万円が一般的となっているように、債券は小口の額面金額に分けられて複数枚発行されています。小口に分けることで、不特定多数の人から巨額の借り入れを行なうことができます。

▶▶ 債券の3つの役割

借用証書といってもピンとこない方も多いかと思います。そこで「債券」とは何かと言えば「お札」の延長にあるもので、そこに時間的な価値が組み込まれたものといった見方もあります。

お札はそのままでは額面以上の価値は生みません。そのために、価値を生み出すものに変える必要があります。その価値を生み出すもののひとつが債券なのです。しかも、債券の中でも国債は国の信用の元に発行されていることで、お札と同様の信用価値があります。ただし、債券はお札と異なり、償還まで持つことで額面金額が保証さ

れるという時間的な制約があります。その制約の見返りとして受け取るものが、時間的な価値ともなる利息、利子なのです。債券とはお札に時間的な価値が組み入れられた金融商品といった見方もできるのです。

　債券は、国、地方公共団体、企業、または外国の政府や企業などが、広く一般の投資家からまとまった資金を調達することを目的として発行されるものです。債券は発行する側、資金を調達する側からすれば債務、つまりは借金となります。

　反対に債券を購入する側は、融資のようにお金を貸してあげるといった感覚で債券を購入しているわけではありません。あくまで金融商品として、資金の運用手段のひとつとして債券をみています。

　さらに投資家が債券を購入する際に目安としているものがあります。それが利回りです。投資家が債券投資を行なうのは、一定の金利、つまり利子収入を得るためです。債券の利回りは債券の期間により異なるとともに、発行体の信用力によっても異なってきます。また、債券の利回りは経済や物価動向*により大きく動きます。10年国債の利回りは長期金利として金利のひとつの目安になっています。

戦時中に発行された国債

***動向**　経済や物価に影響を受けて金利が形成されるということは、金利をみれば経済や物価の動向がある程度読めてくることにもなる。つまりは日本の経済や物価動向を示すひとつの目安として、長期金利があり、それは債券の利回りのことを主に指す。

1-2
資金の運用先としての債券

国債などの債券を保有しているのは日銀をはじめ都市銀行や地方銀行、生命保険会社や年金運用者などです。つまり、私たちの預貯金や生命保険料などのお金の運用対象に国債などが使われているわけです。いわば間接的に私たちが債券の保有者とも言えるのです。

▶▶ 債券は国民生活にも関係する

私たちが日常的に利用しているお金の流れの中で、債券はまったく関係がないものなのでしょうか。債券について詳しくみる前に、いかに債券が私たちの生活にも大きく絡んできているのかを知ることも重要です。ここでは私たちの生活と債券との関わりについてみてみたいと思います。

債券の中でも中心的な役割を担っているのが、国の発行している**国債**です。国債は、国が収入より支出が多い際に発行して借金をするための手段です。それでは国の借金は誰が返さなくてはいけないのでしょうか。これは政治家でも官僚でもなく私たち国民なのです。つまり国債（建設国債と赤字国債）を通じて、私たち日本国民は莫大な借金を抱えています。

この政府が発行している債券を購入しているのは誰なのでしょうか。日本国債の保有者別の内訳を見てみると、**日本銀行**、生保、損保、民間銀行、年金などの国内の金融機関が9割近くを占めているのです。

銀行や生損保、年金といえば元々の運用資金の原資は私たちが預貯金や保険、年金などに払い込んでいるお金なのです。間接的ながらも私たちは国債の保有者となっています。債券には国債のほかに地方債や社債などもあります。地方債や社債についてもそのほとんどが国内の金融機関によって保有されています。

▶▶ 金融機関は国債を大量に保有している

日銀は資金調節と呼ばれる短期金融市場のお金の調節のための一環として、市場から国債を買い付けています。日銀は紙幣を発行していますが、それは日銀にとっては負債となります。

　負債には民間銀行が日銀に預けている当座預金も該当します。ではその負債の反対側にある日銀の資産は何かといえば、主に日銀の保有する国債などになっているのです。

　もし国債価格が暴落すれば、それは国の信用が失墜することにもなりますが、日銀が国債という資産をバックに発行している紙幣の信用も失墜します。また、国債を大量に保有している銀行や保険会社の経営にも影響を与え、それが私たちの保有資産の劣化に繋がる恐れもあるのです。

　なぜ金融機関は、これほどまで国債を主体とした債券を購入しているのでしょうか。国債は危ないという人もいます。そのような国債など買わずに、現金のまま保有していた方が安全という方もいるかもしれません。しかし何兆円という現金を保有するには巨大な金庫も必要となり盗難の危険もあります。そのために国内の金融資産にあって、国が発行している最も安全性の高い国債等で資金を運用しているのです。

　国債以外に兆円単位で購入できる金融資産がないということもありますが、私たちのいる日本の金融の中にあって、その中核となっているものが国債を主体とする債券なのです。

国民全体で買い支えている国債

1-3
金融市場の中での債券の役割

債券は金融商品の中でも安全性や収益性・流動性に優れた資産とされています。債券の発行者は国や地方、政府関係機関、さらに銀行や大手企業などが多いことで、比較的安全にお金を運用するための対象となっているのです。

▶▶ 債券の発行とは借金をすること

債券を発行するということは、債券の購入者からお金を借りることです。債券は小さな額面単位で不特定多数の投資家に発行されることで、巨額の借り入れを行なうことができます。

これに対して債券の購入者は債券の発行者にお金を貸していることになりますが、同時に、債券を購入して手元の資金を運用している投資家もあります。資金調達するために発行するという点では、債券は株式や借入と目的は同じですが、あらかじめ利率や償還日などが決められて発行される点が株式とは異なっています。また借入は特定の銀行などから資金を調達するのに対し、債券は主に不特定多数の投資家から資金を調達します。

▶▶ 発行市場と流通市場

金融市場の中にあり、**債券市場**は**発行市場**と**流通市場**に分けられます。発行市場とは、新たに債券が発行される市場です。これに対して流通市場は、すでに発行された債券（**既発債**：きはつさい）を売買する市場です。流通市場を通じて、妥当な債券価格が形成されています。

債券は他人に譲渡することが可能です。譲渡することによって償還日前に現金化できます。銀行など巨額の資金を運用する機関投資家は、償還前でも流通市場を通じて現金化が可能となります。個人投資家の場合には、通常は買い付けた証券会社などを通じて売却し、買い付けた証券会社は市場を通じて売却します。もちろん債券を償還まで保有すれば額面の金額を受け取ることができます。

　債券は金融商品の中でも、安全性・収益性・流動性の3つに優れた資産です。債券の安全性については発行者に国や地方、政府関係機関、さらに銀行や大手企業などが多いことで、比較的安全な投資対象と言えます。債券の償還日には額面の金額が支払われ、また毎年決められた利子を受け取ることができるなど収益性にも優れています（利子がファンダメンタルズに応じたものであればですが）。債券は他人に譲渡することで現金化でき、流動性という側面からも優れたものとなっているのです。

債券市場の役割

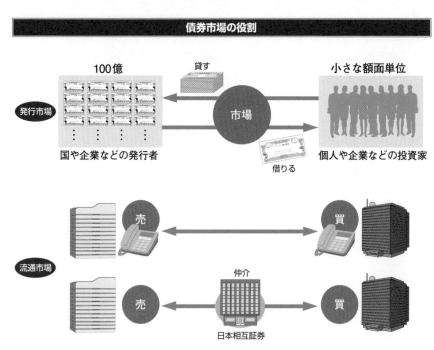

▶▶ 公共債と社債

　債券については**公社債**といった呼び方もされます。これは**公共債**と**社債**を合わせた呼び方で、このうち公共債は国や地方公共団体および政府機関などの公的機関が発行する債券です。これに対して社債は、民間の株式会社などが発行する債券を指します。発行主体別に分類すると、国債・地方債・政府関係機関債・社債・外国債などがあります。

　これらの債券の中でもっとも発行量が多いものが国債です。国債を中心にして債券の売買が行なわれているのが債券の流通市場です。株式市場や為替市場の動きなどはよくニュースなどで取り上げられますが、債券市場に関してはあまり伝えられることがありません。債券市場がプロの金融機関同士の取引主体で個人はほとんど参加していないことも個人からの関心が薄い理由のひとつです。国債などの取引は一般的に売買金額が巨額であり、国債の一回あたりの発行量が多いもので3兆円近くの規模となっています。

　証券取引所でも国債などの売買は行なわれていますが、その売買のほとんどは投資家の売買注文を証券会社などが自ら売買の相手方になって取引をする店頭取引となっています。投資家の売買の相手方となる証券会社や銀行などはポジション調整のために、日本相互証券などの仲介業者を通じての取引も行なっています。

1-4
債券を知るための基本的な要素

債券を購入すると定期的に当初決められた利子を受け取ることができます。そして償還日（預貯金での満期日に相当）を迎えると、額面金額である償還金を受け取ることができます。

▶▶ 「償還期限」「利率」「額面」

債券を資金調達するために発行するという点では、株式と目的は同じですが、あらかじめ利率や償還日などが決められて発行される点が異なります。債券を購入すると、定期的に利子（利息）を受け取ることができます。そして、償還日を迎えると、額面金額である償還金を受け取ることができます。株式には償還期限はありません。

債券の重要な要素としては、「**償還期限（満期償還日）**」「**利率**（額面金額に対する利子の割合）」「**額面金額**」の3つが挙げられます。

債券を発行する国や企業などは、債券の購入者から必要な資金を借り受ける格好になります。発行者からみて、資金をいつまで借り入れるのかを示しているのが「償還期限（満期償還日）」です。購入者からみれば、資金をどの程度の間運用できるかという運用期間を示します。

債券は発行する際に、償還期限がいつであるのかを明らかにしています。発行日から償還期限までの期間に応じて、10年債や5年債といった呼び方をされています。発行日から償還期限までの期間は、1年、2年、5年、10年、20年、30年、40年といった比較的区切りの良い年数となっています。ただし、既発債と呼ばれるような、新規で発行されるものではなく、すでに発行された債券に関しては償還期限までの期間が短くなります。既発債を購入した際に、購入日（資金と債券の受渡日）から、償還期限までの期間を「**残存期間***」と呼んでいます。

そして債券の購入者にとっては資金を運用することが目的ですから、最も重視している要素が利益となります。その利益のひとつが、債券の**利子（クーポン**とも言う）もしくは利率（**クーポンレート**）となります。利率とは、額面金額に対する年当りの利子の割合のことです。

そして、債券は有価証券であり、価格が存在します。

***残存期間**　たとえば10年国債も発行してから5年程度過ぎれば、当然ながら残存5年の国債となるので、その利回りは、新規で発行される10年国債ではなく5年国債の利回りなどが参考とされる。

▶▶ 債券の「価格」とは（債券と他の金融商品との違い）

　日本の債券市場では慣行として、債券の価格を表示する際に100円をベースにしています。これは100円でなく100%と置き換えても良いのですが、額面金額を示しています。債券は償還時には額面金額が返ってきます。その額面を100円に置き換えて、期間途中での価格（単価）を算出します。99円であれば債券価格が下落していることとなり、101円であれば額面金額を上回っていることになります。

　債券は新発債でも、それぞれ発行される際の価格が事前に決められています。これは100円とは限りません。もし発行価格が99円であれば、償還は100円となるため、1円の利益が発生します。100万円の額面金額とあれば1万円の差益となります。これは**キャピタルゲイン**と呼ばれる利益となり、利子の収入である**インカムゲイン**と区別されています。しかし、投資家にとっての利益は両方を合わせたものとなり、それを年あたりに計算し直したものが、**利回り**と呼ばれるものです（新発債の場合は**応募者利回り**と呼ばれます）。

　債券とはそもそも大きな資金を、債券という形式にして小口に切り分けて借り入れるものです。このため、債券には額面金額が表記され、償還期限には100万円とか1億円といった額面金額で示された金額が戻ってくることを示しているのです。

　ところが、現在では国債などは券面そのものが発行されないペーパーレスとなっています。このため、額面については当初に取り決められる償還時の金額ということになります。

債券に関する基本用語

償還期限

2023　**9**　SEP
　　　　　　　1　2
3　4　5　6　7　8　9
10 11 12 13 14 15 16
17 18 19 20 21 22 23
24 25 26 27 28 29 ㉚

発行者からみて、資金をいつまで借り入れるのかを示している

利率

額面金額に対する年あたりの利子の割合

額面

償還時に戻ってくる金額

1-5
債券と他の金融商品との違い

　債券は銀行の定期預金に近い性格を持っていますが、債券は市場で売買できて、価格がついていることに大きな違いがあります。債券の価格は市場で決定されるため、株や為替のように常に動いています。

▶▶ 預貯金と債券

　銀行からみれば私たちの預金は借入金となり、それを企業などに貸し出すなり、他の資産で運用することによって、その利鞘が収益源となります。しかし、私たちにとっての預貯金はあくまで金庫の代わりに預けておくものであり、カードや公共料金などの支払いのための決済手段として利用しているものです。

　利便性もあり、預金の金利については債券市場の同年限の実勢金利に較べるとかなり低めに設定されています。また、途中で定期預金を解約した際は、利子が低くなってしまうものの元本はそのまま返ってきます。また安全性に関しては、預金保険制度によって同一名義ではひとつの銀行の口座では1千万円まで保護されますが、それを超えたぶんについては、もしその銀行が破綻等した場合に保証はされません。

　これに対して債券は、半年毎に利子が支払われるなど預貯金に近い性格であるものの、債券を購入したからといって支払い等の決済などの利便性はありません。さらに大きな違いが、債券は有価証券であるために途中で換金するためには、売却する必要がありますが、そうした際には相場によっては、換金で得られる金額が額面を下回ったり上回ったりします（個人向け国債を除く）。状況によっては損失が発生する可能性があります。しかし、利子に関しては実勢の利回りが反映されることで、預貯金金利よりは比較的高めになっています。また国債に関しては日本で最も安全な資産であるにも関わらず、その購入に関しての限度額はありません。

　そして、債券には**信用リスク**が存在します。発行している企業が破綻した際など、利子が支払われないとか元本が毀損するリスクがあります。このリスクは最も安全とされる国債にも存在します。海外では、アルゼンチンやロシアのように国債が**デフォルト***した例も存在します。デフォルトとは約束された通りに、利子や元本の支払いがなされないことを示します。

---

*デフォルト　債務不履行の意。

▶▶ 株と債券

それでは、債券と同じ有価証券である株式と債券との違いはどこにあるでしょうか。株式にも債券の利子のような配当があります。しかし、株式には償還期限が存在しません。換金するには市場などで売却しなければならないため、その際に売却価格が買い付け価格を下回り損失が発生する可能性があります。もちろん反対に利益が得られることもあります。

債券も償還期限を迎える前に売却してしまうと、株式のようにキャピタルゲインもしくはキャピタルロスが発生します。しかし、償還まで持てば額面金額は戻ってきます。株式は価格が大きく動くことも特徴ですが、債券も意外と大きな値動きがあるのです。私は以前、債券の価格の動きを利用して、ディーリング益を稼ぐ仕事をしていました。

株式の場合にはお金を貸すという意識よりも、その会社に投資するとの認識が強いと思います。国債など債券を買い付ける際には国に投資するというよりも、お金を貸すとか、預けるといった認識が強いのではないでしょうか。

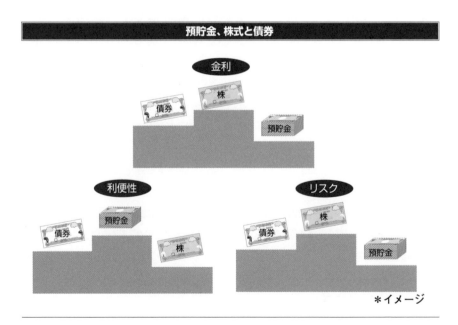

第**2**章

金利の役割と仕組み

金利といっても多くの種類があり、それがどのように誰が
決めているのかをご存じでしょうか。この章では金利の種類
やその役割、仕組みについて解説します。

2-1
金利とは何か

私たちは普段何気なくお金を使い、銀行に預金した際には利子を受け取ります。それではそもそもお金とはいったい何なのでしょうか。そして、お金を貸し借りする際に使われる利子はどうして必要になるのでしょうか。

▶▶ 金利とはお金の価値

現在私たちが使っている貨幣や紙幣などの「お金」は、人類の歴史において必要に迫られてできたものです。特にお金の持つ価値尺度や交換手段は人類の経済活動とともに発展してきました。

財や物の交換に際しては、その交換比率を決める必要があります。米と魚のように2種類の財物の交換取引であれば、価格はひとつで済みます。しかし、経済活動が発展し交易の範囲が広がれば広がるほど交換する物が加速度的に多くなってしまいます。そこで取引の煩雑さを避けて円滑化を図るための価値基準として登場したのが「お金」です。

たいへん便利な「お金」ですが、物との交換取引だけではなく、次第に「お金」そのものを貸し借りする必要が出てきました。これが、お金を融通し合うこと、つまり「金融」です。この「お金」を貸し借りする際の「お金」そのものの価値を図るものとして「金利」が使われるようになったのです。

それでは、なぜ**金利**は存在するのでしょうか。お金を貸す際には金利を貰うことは当然のように考えられていますし、お金を借りる際には金利を払わなければなりません。しかし、私たちが生活の中でも、たとえば身近な人と小額のお金や物を貸し借りする際は、金利分を求めたりもらったりしないケースもあります。

歴史をみても、聖書などでは利子を否定する教えが存在します。また、イスラム教では、利子を取ることそのものが禁じられています。このため利子ではなく、商品取引などから生じる利益や投資を行なった結果の配当といった形態が採られています。

▶▶ 間接金融と直接金融

　経済社会においては、どうしても金利の存在が必要不可欠となっています。経済の成長には設備投資などのために巨額な資金が必要となります。それを銀行から借りるにしても、銀行はその資金をどこからか手当てしなければいけません。そのためには我々からの貯蓄が必要となり、貯蓄の存在は利子がなければ本来は成り立たないのです。金利が付かなければ、私たちは銀行にお金を預けるという意欲はなくなってしまうためです。

　私たちからお金を預かった銀行は、さらに高い金利を付けて企業などに貸し付けます。これが**間接金融**と呼ばれるものです。お金を借りた企業は、それによって投資活動などを行ない利潤を追求していくのです。

　間接金融に対して、銀行などを通さずに企業などが債券の発行を通じて資金調達を行なうなど、直接お金の貸し借りをする仕組みを**直接金融**と呼んでいます。直接金融の場合には投資家が貸し倒れリスクなどを負うことになるため、通常は同じ期間で較べた際、預貯金金利よりも債券の金利の方が高くなります。

　経済活動がより大きくなることで投資活動は活発化します。そして、それに見合った貯蓄の裏付けが必要となります。その貯蓄を誘導するのが金利であり、お金の貸し手と借り手の間でのバランスをとる役割となっているのが金利なのです。

預金と投資が金利でつながる

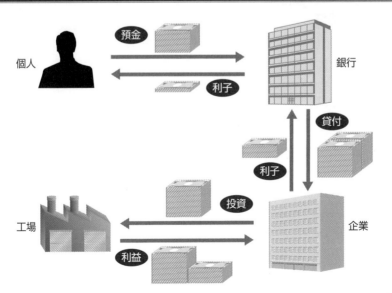

2-2
金利の種類

ここでは少しわかりづらいと思われる利子と利息の用語の違いや、利率と利回りの違いなどを確認しながら、金利とはいかなるものであるのかを確認していきましょう。

▶▶ 利子と利息

銀行預金では主に「**預金金利**」、ゆうちょ銀行では「**適用金利**」という用語が使われていますが、これは預けたお金に毎年払われる金利の割合を示したものです。実際に払われる金額については「**利子**」もしくは「**利息**」と呼んでいます。つまり300万円預けて、金利が1%であれば、毎年受け取る利子は3万円（税別）ということになります。

利子と利息については、借りた場合に支払うものを利子、貸した場合に受け取るものを利息と使い分けることもありますが、法律上、厳密な区分はないようです。しかし調べてみると、たとえば財務省のサイトには国債については「お支払いする利子」と表現されており、ゆうちょ銀行なども貯金に対しては利子と表現しています。これに対して、銀行の住宅ローンには「保証料利息組込み型」という用語があります。国債や貯金は国やゆうちょ銀行が借り入れるものでありそこで支払われるのが利子であり、住宅ローンについては銀行が資金を貸すものであり、そこで受け取るのが利息というわけです。

▶▶ 利率と利回り

債券の利率とは額面金額100円に対して、毎年受け取る利子・利息の割合を示しています。ここで注意すべきは、銀行預金であれば預け入れ金額と満期に戻ってくる金額が通常であれば同じであるため、預け入れ金額をベースに利子も計算できます。たとえば預金金利が0.3%であれば、100万円預ければ毎年3千円（税別）の利子が支払われます。

ところが債券の場合は有価証券であり、払い込みの金額と償還時の金額が一致しない場合がほとんどです。債券についてはあくまで償還金額、つまり額面金額に対して利子が支払われる割合が利率ということになります。

債券にはもうひとつ「**利回り**」という言葉があります。これは債券がもたらす年間当たりの収益のことを示しています。利子つまり利率に加えて、買い付けた際の債券の価格（時価）と償還額面金額との差額を、残存年数で割ることによって算出される年当たりの差損益を加えたものです。

　これについてはのちほど債券の価格と利回りが反対に動く理由を説明する際に、もう少し具体的に説明しますが、ここでは利率と利回りには違いがあることを覚えておいてください。もう少し付け加えると、債券の発行時に買い付けた債券の利回りのことを「**応募者利回り**」と呼びます。そして、発行されたあとに買い付けた債券の利回りを「**所有期間利回り**」もしくは「**流通利回り**」と呼んでいます。また償還まで持ち続けた場合の利回りを「**最終利回り**」と呼ぶこともあります。

金利の種類

●利子と利息

●利率と利回り

2-3
債券の金利と価格の関係

債券の利回りと価格は反対に動くということをご存じでしょうか。ここが債券をわかりづらくさせている要因のひとつとなっています。この理由を理解すると債券に対する関心がさらに高まってくると思います。

▶▶ 金利と価格は反対に動く

「債券の金利と価格は反対に動く」ということは債券を知る上での基本中の基本となっているのですが、何故そうなるのかについて、わかりやすく説明するのはなかなか難しいものがあります。私も債券を仕事とするにあたって、最初の壁となったのがこのことでした。

債券のことをある程度理解されている方にとっては当たり前のことでも、債券市場関係者以外の人にとっては、特に必要となる知識ではありません。それでもこの理由を知っておくと金利や債券についての知識がより深まることも確かです。

▶▶ 利回りと価格の関係

少しわかりづらいので、具体例を参考にして、国債の利回りと価格の関係をみてみましょう。たとえば、利率が1.5%の残存10年の国債があったとします。これは100円につき、半年毎に0.75円ずつで、毎年1.5円の利息が支払われるということを意味します（計算を簡単にするため非課税と仮定します）。この国債の価格が、ちょうど額面金額と同じ100円であったとすると、年当たりの「利回り」も利率と同じ1.5%になります。

しかし、もしこの国債の価格が90円であったならば、100円と90円の差額である10円が償還差益となります。これを保有期間で案分した1年当たりの差益1円が利子の1.5円とともに収益にカウントされることで、2.5円の年間収益となります。つまり、この90円の国債の利回りは2.77%となるわけです（右ページの計算式を参照）。

一方、国債の価格が110円であったとします。今度は反対に1年当たり1円の差損となり、利子と合わせた収益は0.5円しかなくなり利回りは0.45%になります。

　これによって債券の価格が高いと利回りが低下し、債券の価格が安いと利回りが上昇する仕組みが計算上わかるかと思います。

　それでは今度は、利回りをベースに考えてみましょう。もし、長期金利が何らかの理由で1.5%から2.5%に急に上昇したとしてみましょう。この国債は年1.5%しかもらえないのですが、新たに発行される10年の国債は長期金利の上昇を受けて、利率は2.5%程度に引き上げられます。

　そうなると1.5%の利率の国債を買うよりは当然、2.5%の利率の国債を買った方が良いということになり、1.5%の国債は人気がなくなり、この債券の価格は下がっていくのです。ところがある一定水準まで下がると、下げ止まります。その水準の価格は両者の利回りが等しくなる92円近辺となるわけです。そうなれば利率の差が償還差益で埋まることで、利回りで比較するとほぼ収益性が変わらなくなります。

　反対に長期金利が1.5%から0.5%まで急に低下したとしましょう。新たに発行される10年国債の利率は0.5%近辺となり、利率1.5%の国債は人気化します。それでも取引される価格は110円あたりで落ち着きます。つまり、利回りベースで同じ水準となる価格まで上昇するわけです。

利回りと価格の関係

$$最終利回り（1年当たり1\%） = \frac{1年当たりの受取利息 + \dfrac{額面 - 購入価格}{残存年数}}{購入価格} \times 100$$

2-4
短期金利と長期金利

金利を扱う市場はその期間に応じて、短期金融市場と長期金融市場（債券市場）の2つに大きく分けられます。短期金融市場は期間1年以内の金融取引を行なう市場で、それより長い金利を扱う市場が債券市場なのです。

▶▶ 短期金融市場と長期金融市場

金融市場とは、金融商品を取引所や店頭（相対）で売買する場所です。その金融市場は扱う金融商品の期間に応じて、**短期金融市場**と**長期金融市場**の2つに区別されています。

短期金融市場とは、期間1年以内の金融取引が行なわれる市場で、**マネーマーケット**とも呼ばれています。それに対して1年超の金融取引を行っている市場が長期金融市場です。一般に期間1年以内の金利のことを**短期金利**、それに対して期間1年超の金利のことを**長期金利**と呼んでいます。

短期金融市場は、銀行などの金融機関や一般の事業法人などが、短期の資金を調達・運用する場となっています。また、**日銀**が**オペレーション**や貸出等の**金融調節**を通じて、市場の日々の資金過不足を調節する場でもあります。日銀は**金融政策決定会合**で決められた**政策金利**の目標値への誘導を金融調節を通じて行なっています。

▶▶ インターバンク市場とオープン市場

短期金融市場は、金融機関や証券会社、生損保など限られた参加者の間で取引が行なわれる**インターバンク市場**と、インターバンクの参加者に一般事業法人なども加わって取引が行われる**オープン市場**に分けられます。

インターバンク市場は、銀行を中心とした金融機関の間で、資金の運用や調達、決済を行なう市場です。金融機関がお互いに短期的な資金の過不足を調整するための取引が行われている市場です。コール市場や手形市場などがありますが、特に明治時代に自然発生的に誕生したコール市場は、現在でもインターバンク市場の中でも重要な市場となっています。

オープン市場は、市場参加者が限定されず金融機関に加えて一般企業、官公庁、地方自治体などが参加して、短期の資金の運用や調達を行なうために取引をしている市場です。オープン市場には、**債券現先**市場、**レポ**市場、**CP**＊（**コマーシャル・ペーパー**）市場があり、**国庫短期証券**（**TDB**＊）を売買する市場があります。

長期金利は期間1年超の金利のことを指すわけですが、一般的に長期金利と呼ばれるものは**10年国債**の利回りのことを指します。もう少し詳しく説明すると、直近に入札された10年国債（**新発10年物国債**）の所有期間利回り（単利）のことを示します（主に日本相互証券で出合った利回りを使う）。

短期金融市場と長期金融市場

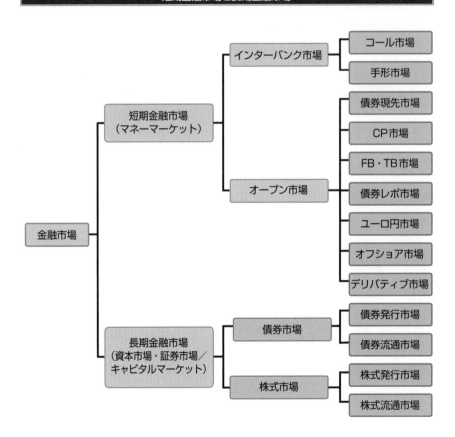

＊**CP**　Commercial Paperの略。
＊**TDB**　Treasury Discount Billsの略。

2-5
単利と複利

私たちが受け取る利子をそのまま現金で受け取るのではなく、その利子を再投資するという考え方が複利と呼ばれるものです。複利には時間的な概念も含まれるので、他の金利商品との収益率の比較にも使われます。

▶▶ 時間概念を加味する

債券の「利率」とは額面金額100円に対して、毎年受け取る利子の割合を示すのに対して、「利回り」とは、その債券がもたらす年間あたりの収益のことを示しています。

債券の価格（時価）と償還額面金額の差額を、残存年数で割ることによって算出される年当たりの差損益に利子を加えて、年あたりの収益性を示しているのが「利回り」です。

「利回り」の中には、差損益に利子を加えた年あたりの収益性を示す「単利」に対して、利子をそのまま再投資し、元本とそれに付いた利子にまた新しい利子が付いていく「複利」という考えがあります。

日本の債券市場は、世界の債券市場でもやや特異な点がひとつあり、それは債券の取引においては通常、「単利」が用いられていることです。日本の債券市場の中心的な役割となっている国債を市場で売り買いする際には、通常、所有期間利回りが用いられています。しかし、保有している債券は複利で把握していますし、スワップ取引も複利がベースになっています。

それでは、単利と複利ではどういった違いがあるのでしょうか。複利については時間的な概念も含まれることで、他の金利商品との比較といった際にも、単利より収益性が正確に示せるという利点があります。日本の債券市場では取引をする際に、単利を元にしてそこから単価を計算して売買代金を算出しますが、いろいろな債券を比較する際には、複利をベースにして考える必要があるのです。

▶▶ 債券の現在価値

債券の価値を考えるにあたり、基本的な考え方として現在価値というものがあります。現在価値とは、将来の財から得られるキャッシュフローを現在の価値に割り戻したものです。

　たとえば、ある1年物の金利が1%であったとします。100万円投資した場合は1年後には101万円となります。つまり、現在の100万円と1年後の101万円は価値が等しいことになります。さらに同じものに2年間投資した場合には（金利は横ばいと仮定）、1年目の101万円は2年後102.01万円となり、この現在価値は100万円ということになります。

　債券の現在価値を算出するのには、複利を用いることで時間の概念が含まれ、比較することが容易となります。

　この比較には、たとえば同じ資金を債券に投資すべきか設備に投資すべきかといった比較対象が異なるものにも応用できるのです。キャッシュフローの現在価値の合計が債券の価格となると考えることで、設備投資による将来のキャッシュフローを現在価値で算出し直したものと、比較することが可能となります。

　これは期間や利率の異なる債券を投資する際にも、現在価値という概念を用いることによって、比較が可能となることが理解できるかと思います。

単利と複利による利回りの差

	利子1%		利子2%		利子5%	
	単利	複利	単利	複利	単利	複利
投資金額	100.0	100.0	100.0	100.0	100.0	100.0
1年後	101.0	101.0	102.0	102.0	105.0	105.0
2年後	102.0	102.0	104.0	104.0	110.0	110.3
3年後	103.0	103.0	106.0	106.1	115.0	115.8
4年後	104.0	104.1	108.0	108.2	120.0	121.6
5年後	105.0	105.1	110.0	110.4	125.0	127.6
6年後	106.0	106.2	112.0	112.6	130.0	134.0
7年後	107.0	107.2	114.0	114.9	135.0	140.7
8年後	108.0	108.3	116.0	117.2	140.0	147.7
9年後	109.0	109.4	118.0	119.5	145.0	155.1
10年後	110.0	110.5	120.0	121.9	150.0	162.9
11年後	111.0	111.6	122.0	124.3	155.0	171.0
12年後	112.0	112.7	124.0	126.8	160.0	179.6
13年後	113.0	113.8	126.0	129.4	165.0	188.6
14年後	114.0	114.9	128.0	131.9	170.0	198.0
15年後	115.0	116.1	130.0	134.6	175.0	207.9
16年後	116.0	117.3	132.0	137.3	180.0	218.3
17年後	117.0	118.4	134.0	140.0	185.0	229.2
18年後	118.0	119.6	136.0	142.8	190.0	240.7
19年後	119.0	120.8	138.0	145.7	195.0	252.7
20年後	120.0	122.0	140.0	148.6	200.0	265.3

2-6
デュレーション

債券投資をしている機関投資家などが金利リスクを測定するための手段として使っているものにデュレーションがあります。これは債券投資によって得られる将来のキャッシュフローが、平均的に何年くらいで回収されるかを表す指標です。

▶▶ 債券投資の投資尺度

債券投資をする際の投資尺度のひとつとして、**デュレーション***という考え方があります。個人が債券に投資する際には、あまり意識する必要はありません。債券運用をしている機関投資家やその投資家に債券を販売する証券会社など、債券市場に関わる人にとっては債券の金利リスクを測定する重要な指標のひとつとなっています。

利付国債などの利付債に投資する場合には、通常、半年毎に利子が支払われ（年1回のものなどもあります）、償還時点には元本が戻ってきます。デュレーションとは、利子の再投資も考慮することによって、債券投資によって得られる将来のキャッシュフローが、平均的に何年くらいで回収されるかを表す指標です。これは、**投資の平均回収期間**とも呼ばれています。

たとえば、残存期間10年の割引債があるとします。**割引債***はゼロクーポンであり償還まで利子は支払われません。償還時に元本が回収されるので、この場合のデュレーションはちょうど10年となります。ところが、残存期間10年の利付債は、償還までに利子というかたちで投資した資金が早めに回収される部分があるために、デュレーションは10年よりも若干短くなるのです。

デュレーションとは、債券を保有することによって利子および元本（つまりキャッシュフロー）を受け取ることのできるまでの期間を加重平均したもののことなのです。

つまり、デュレーションは債券投資の平均回収期間となるわけです。これは利子が負とならない限り、債券の残存期間を超えることはありません。そして債券の残存期間が短いほど、デュレーションは小さくなります。また、クーポンつまり利子や最終利回りが高くなるほど、デュレーションは小さくなり、債券投資の回収までの期間は早くなります。

＊**デュレーション**　duration。継続・持続・期間の意。
＊**割引債**　利子ではなく、割引した価格で販売される債券。たとえば95万円で販売し、償還時に100万円が償還される。

▶▶ 債券価格の変化率

　デュレーションは、金利変化に対応する債券価格の変化率も示しています。金利が1％上昇した場合、債券価格がどの程度下落するのかをデュレーションは示しています。デュレーションの長い債券の価格は金利感応度が高く揺れ幅が大きくなり、短い債券の価格は金利感応度が低くなり揺れは小さくなるのです。

　この感応度割合をより直接的に表すものとして**修正デュレーション**という考え方もあります。修正デュレーションとはデュレーションを（1＋最終利回り）で除することで算出されるものです。

　修正デュレーションが1の場合、最終利回りが1％変化すると債券価格も1％変化することを示しています。たとえば債券を運用している投資家が、その保有している債券のポートフォリオ全体の修正デュレーションが5.2年だったとします。これは市場金利が1％動いたときに、その債券のポートフォリオ全体の時価が5.2％動くことを意味しているのです。

　修正デュレーションが大きいほど、金利変動に対する債券の価格の変動率が大きくなるわけです。

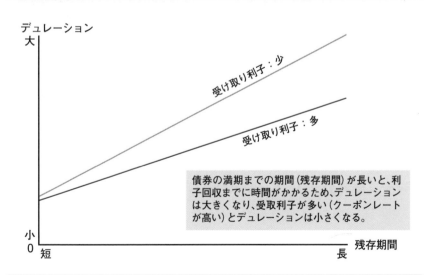

デュレーション

債券の満期までの期間（残存期間）が長いと、利子回収までに時間がかかるため、デュレーションは大きくなり、受取利子が多い（クーポンレートが高い）とデュレーションは小さくなる。

2-7
マイナス金利政策

2016年1月、日銀の金融政策決定会合では追加緩和策として、マイナス金利付き量的・質的緩和が導入されました。このマイナス金利政策とは、日銀の当座預金の超過準備と呼ばれるものの利子をマイナスにする仕組みです。

▶▶ マイナス金利とはどういうことか？

日銀の**マイナス金利付き量的・質的緩和**による"マイナスにする金利"とは何なのでしょうか。それは我々の預貯金とかの金利をマイナスにすることではありません。日銀の当座預金の超過準備と呼ばれるものの利子の一部をマイナスにするのです。

日銀の当座預金には大量の金融機関の資金が積み上がっています。そのうちこれから新たに積み上がる部分の一部にマイナス金利、つまり日銀に資金を預ける側の銀行などに利用料のようなかたちでお金を払ってもらう仕組みです。

つまり銀行などが余計なお金を日銀の当座預金に残したままとするのではなく、その資金を貸し出しや株式や外国の証券などに振り向けさせるような政策となります（これは**ポートフォリオリバランス**とも言います）。

我々の預貯金の利子はマイナスにならないとされていますが、マイナス金利を導入していた欧州では大口定期預金などの一部をマイナスにするなどの動きもありました。しかし、通常の預貯金の利子がマイナスとなるのは考えづらいのです。そもそも銀行は預けられたお金を運用するのが仕事であるので、預けてもらわないと困ることになります。ただし、国債の利回りはこの日銀のマイナス金利政策もあり、一時10年を超えるものまでマイナスとなりました（利子分と償還金を加えた以上の価格で取引されているのです）。このため、国債を買う場合などには注意が必要となります（個人向け国債は除く）。

▶▶ マイナス金利のメリット・デメリット

このように国債の利回りを低下させることも、日銀のマイナス金利導入の大きな目的となりました。当座預金金利の一部をマイナス化することにより、金利全体の起点が引き下げられることになり、超過準備に資金を残すよりも国債保有のインセンティ

ブも働くことになるため国債への需要が高まり、国債の利回りが低下します。これにより貸し出し金利などの低下を促し、景気に働きかけるというのもマイナス金利の目的となります。ただし、これは銀行などの収益を圧迫する要因ともなることにも注意が必要となります。

　欧州中央銀行（ECB）は2022年7月に0.25％、9月に0.5％の利上げでマイナス金利政策を解除し、9月22日にはスイス中銀もマイナス金利政策の解除を発表しました。政策金利がマイナスなのは世界の主要中銀で日本だけとなりました。

第2章　金利の役割と仕組み

マイナス金利政策

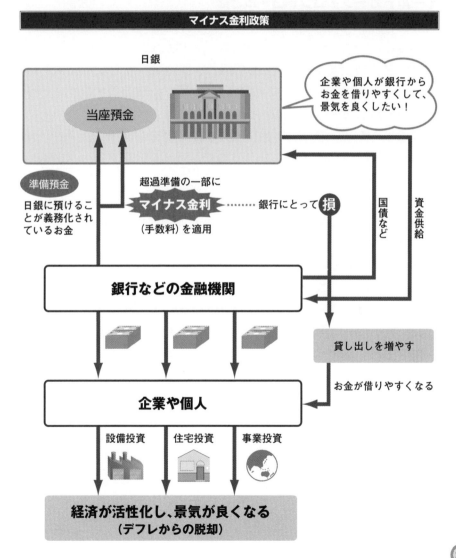

2-8
日銀の長期金利コントロール

2016年9月に日銀はそれまで市場で形成されるとしていた長期金利を自らのコントロール下に置くという長期金利コントロールを始めました。短期金利と長期金利をコントロールするということでこれはイールドカーブ・コントロールとも呼ばれます。

▶▶ イールドカーブ・コントロールとは

日銀は2016年9月21日の金融政策決定会合において、「長短金利操作付き量的・質的金融緩和」と名付けられた金融政策の新しい枠組みの導入を決めました。

これは長短金利の操作を行う**イールドカーブ・コントロール（YCC）**と、消費者物価指数の上昇率実績値が安定的に2%を超えるまで資金供給拡大を継続する「**オーバーシュート型コミットメント**」を柱としています。

この金融政策の導入時、日銀は当座預金残高の一部に課すマイナス0.1%という政策金利は据え置きました。銀行などの金融機関から批判を受けて、マイナス金利の深掘りは避けたとの見方もできるかと思います。

この際に日銀が新たに設定したのが、長期金利の目標数値です。10年国債利回りが概ね現状程度（ゼロ%程度）で推移するよう、長期国債の買い入れを行うとしました。

日銀が決定した新たな枠組みにおける最大の問題点となるのが、この長期金利を含めたイールドカーブ・コントロールです。2016年1月に決定した日銀のマイナス金利政策は、金融機関のトップからも批判が出るなど評判が良くないものとなりました。利ざやの縮小によって金融機関の収益への悪影響が懸念されていたためです。これを解消する手段としてイールドカーブのスティープ化（カーブが右肩上がりになる）が意識されたのです。

イールドカーブをスティープ化することで、より長い期間の国債の利回りが上昇し、機関投資家が利回りで稼ぎやすくなります。国債利回りのマイナス化によって資産運用にも大きな支障が出ていました。それもイールドカーブをスティープ化させることにより、多少なり解消させることも意図していた可能性があります。

　しかし、日銀は長期金利を操作できないとしていました。これについて黒田日銀総裁（当時）はリーマンショック後に日米欧の中央銀行が大量に国債を買い入れることで長期金利を低位に誘導できたことや、日銀のマイナス金利政策で国債のイールドカーブが大きく押しつぶされたことで、日銀がある程度長期金利の操作が可能であると指摘しました。結論からいえば、その後の長期金利の動きを確認する限り、できないとされていた長期金利のコントロールに日銀は成功しているとみえました。

　日銀が長期金利の操作を始めた頃には日本国債の発行量は多く、長期金利を簡単にコントロールし続けることができるとは思われていませんでした。結果として成功したように見えましたが、物価が上がらなかったことで、日銀がコントロール可能となったように見えていただけです。あくまでそのような環境にあっただけともいえます。

　何かのきっかけで長期金利の上昇圧力が強まり、日銀のコントロールが効かなくなる恐れもあります。とくに長期金利が予想以上に上昇するようなことになれば、日銀は必要以上に長期国債を買い入れる必要にかられます。その結果、「長期金利操作目標は国債買入ペースの一段の拡大を強いられるリスクがある」とされていました。2022年にそれが現実化したのです

　長期金利を市場ではなく日銀が決めるのであれば、国債市場は必要がなくなってしまいます。そして長期金利は本来、物価や景気の体温計のような役割をしているもののはずです。それが人為的に操作されては、国債の価格発見機能を失うことになりかねません。これは政府の財政を助けることになり、日本の財政悪化を見えにくくさせるという副作用も出てきます。

　本来制御できないとしていた長期金利をコントロールすることで、日本の国債市場が衰退してしまうリスクもあります。債券市場参加者も減少傾向にあるとされ、長期金利の変動という経験を積んで、市場のリスクに備えるといった学習もできなくなりつつあります。

ブラックマンデーの際の日本の債券市場

　1987年10月19日月曜日、この日のニューヨークダウ工業株30種平均は引け値で前週末より508.32ドルも下がり、下落率で22.6%と過去最大規模の暴落となり、この暴落は世界の株式市場に飛び火しました。20日の東京市場では、日経平均株価は前日比3836.48円（14.9%）の下げとなるなど、世界的な株価暴落を招きましたが、これがのちに「ブラックマンデー」と呼ばれ、金融市場の歴史に刻まれています。これを受けて、日銀は短期金利の低め誘導を実施し、ここから債券相場は急反発したのでした。

　当時、私は債券ディーラーになってちょうど1年目となっていました。債券市場にとってこの年度は、このブラックマンデーのみならず、その前に引き起こされた「タテホショック」もあってかなりの大荒れともなっていました。

　10年89回債を主体とした債券ディーリング相場は崩壊し、金融機関のみならず、事業法人でも債券相場において大きな損失が発生しました。そして、1987年9月2日、タテホ化学工業が債券先物取引において286億円もの損失を出したことが明らかになりました。このニュースにより、債券市場において、いわゆる「タテホショック」が引き起こされ、債券相場は暴落（長期金利は急上昇）したのです。9月3日から5日までの3日間で、89回債は1%あまりも利回りが上昇しました。

　そして、10月19日のブラックマンデーをきっかけに債券市場は今度は急反発（利回りは低下）し、相場が大きく変動しただけに、ディーラーにとってはまさに儲けるチャンスでもあったとも言えました。

第**3**章

債券の種類を知る

債券には国債や地方債、社債といった種類があり、発行か

ら償還までの期間に応じて種類が異なります。国債には建設

国債や赤字国債、借換債など発行根拠法に基づいた種類分け

もあります。

3-1 債券の種類

債券は何を基準にするかによって様々な種類が存在します。発行しているところがどこなのか、発行から償還までの期間、利子はどのようにして支払われるのか、償還はどういう方法が行なわれるのか、何の通貨建てなのか、などによって種類が異なります。

▶▶ 償還期限や発行体による分類

債券を種類分けする際に、何を基準に分類するかということが重要です。まず簡単な分類分けとして償還期限による分類からみてみましょう。主に償還期限が1年以内の期間の債券は「**短期債**」と呼ばれます。そして償還期限が1年から5年あたりのものを「**中期債**」と呼んでいます。さらに償還期限が5年から10年あたりのものを「**長期債**」、償還期限が10年を超えるものを「**超長期債**」と呼びます。また、償還期限のない債券もあり、これは「**永久債（コンソル債）**」と呼ばれます。

次に国内の発行体による分類をみてみましょう。国が発行するのが国債です。地方公共団体が発行する地方債や、政府出資の特殊会社などの政府関係機関が発行する**財投機関債**や**政府保証債**があります。これらはまとめて「**公共債**」とも呼ばれます。

公的機関ではない民間企業などが発行する債券は「**民間債**」と呼ばれ、これには株式会社が発行する「**社債**」や、特定の銀行・金庫が発行する「**金融債**」などがあります。社債は事業会社が発行する債券のため「**事業債**」と呼ばれます。

社債については、昔は転換社債と呼ばれた「**転換社債型新株予約権付社債**」、ワラント債と呼ばれた「**新株予約権付社債**」などがあります。

外国政府や法人が発行する債券が**外国債**です。この外国債のことを略して**外債**と呼んでいます。外債のうち、国際機関・外国の政府や民間企業が日本国内で発行する円貨建て債券を**円建て外債**と呼び、市場では「**サムライ債**」と呼んでいます。日本の企業などが国外で発行する円貨表示の債券のことも「**円建て外債**」と呼んでおり、円建て外債は利払い・償還とも円貨建てで行なわれるために為替変動リスクはありません。

これに対して、米ドルなどの外貨建てで、外国政府や法人もしくは国内法人が国外で発行する債券を「**外貨建て外債**」と呼びます。払込み・利払い・償還すべて外貨建てで行なわれます。

　次に債券の形態による分類についてみてみましょう。毎年もしくは半年に一度など、利子が支払われる債券が**利付債**です。これに対して額面から利子相当分を割引いた価格で発行され、期限に額面で償還される債券が**割引債**です。利子（クーポン）が付かないので**ゼロクーポン債**とも呼ばれます。

　利率が償還期限まで変わらない**固定利付債**に対して、利率が変動する**変動利付債**もあります。さらに物価に連動して元本価値が変動する**物価連動債**という債券もあります。

　発行形態による分類として、不特定多数の一般投資家に募集を行う「**公募債**」、発行する債券を特定少数の投資家が引受ける「**私募債**」があり、私募債の一部に債券の発行者と特定の関係にある投資家だけが購入できる「**縁故債**」と呼ばれるものがあります。

　担保による分類もあります。担保付きのものとしては**一般担保債**、**物上担保債**があり、担保がついていないものを**無担保債**と呼びます。

　償還条件による分類として、繰上げ償還が可能な**コーラブル債**、繰上げ償還条項のない**ノンコーラブル債**があります。コーラブル債としては金融機関などが発行する**劣後債**などがあります。

　このほかにデリバティブと絡めた**仕組み債**と呼ばれる債券もあります。

第3章 債券の種類を知る

債券の分類法

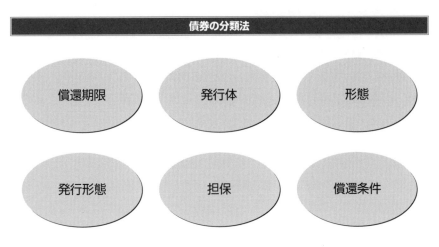

3-2
発行根拠法別—国債の種類①

国債にはそれを発行する根拠となる法律が存在しています。国債の発行根拠法による種類分けには建設国債、赤字国債といったよく知られたものだけでなく、借換債や財投債といった種類も存在しています。

▶▶ 国債の根拠法

国会の議決は「法律」というかたちを取るため、**国債**には発行のための**根拠法**が存在しています。その発行根拠法を元にして、「国債」の種類*分けがなされています。

国が税収などの収入で支出が賄いきれないときに国債というかたちで借金をするのですが、それが**新規財源債**もしくは**新規国債**と呼ばれる国債であり、「**建設国債**」と「**赤字国債（特例国債）**」を合わせたものです。

新規財源債のうち「財政法」を発行根拠法としているのが「建設国債」です。財政法の四条に記載されているため、**四条国債**とも呼ばれています。

財政法では、基本的に国債の発行で財政を運用することを禁止していますが、公共事業費と出資金、貸付金の財源とする場合に限っては、国債の発行を認めており、そのために発行される国債が建設国債です。

これに対して「赤字国債」は、発行されるたびに特別法を制定し、「特例」により発行されるため、「特例国債」とも呼ばれています。

佐藤栄作首相や福田赳夫大蔵大臣などが1965年11月の第二次補正予算で、戦後初めてとなる国債を発行する方針を決定しましたが、この国債発行に対して、時の佐藤首相は「あくまでも特例としての発行である」と発表し、特例国債が生まれたのです。

赤字国債（特例国債）は一般会計の財源不足を補うために発行され、主に社会保障、防衛費や人件費などの経常的経費を調達するために充てられます。

国債の整理または償還のために発行される国債は、**借換債**と呼ばれます。借換債は国債整理基金特別会計法により発行されます。国債の償還については、国債整理基金特別会計法に基づいて、国債の償還財源を確保するための「**国債整理基金**」が設置されています。

＊**種類**　4-9節参照。

　1965年度に戦後初めて発行された国債（7年債）は、その償還が到来する1972年度に全額現金償還されたのですが、1966年度以降に発行された建設国債については、発行時の償還期限に関わらず、すべて60年かけて償還される仕組みが導入されました。これが国債の「**60年償還ルール**」と呼ばれるもので、公共事業によって建設された物の平均的な効用発揮期間、つまり使用に耐えられる期間が、概ね60年と考えられたためです。1985年からは建設国債だけでなく、赤字国債（特例国債）にも借換債の発行が認められることになりました。

▶▶ その他の発行根拠法

　2001年度からは**財政融資資金特別会計法**を発行根拠法とした「**財政融資資金特別会計国債**」、一般には「**財投債**」と呼ばれる国債が新たに発行されています。

　また東日本大震災からの復興のための資金調達のために発行された「**復興債**」は、「東日本大震災からの復興のための施策を実施するために必要な財源の確保に関する特別措置法」（第69条第1項）が発行根拠法です。

「平成28年度における公債の発行の特例に関する法律案」について

1　目的

この法律は、平成28年度における国の財政収支の状況に鑑み、同年度における公債の発行の特例に関する措置を定めることにより、同年度の適切な財政運営に資することを目的とすること。（第1条関係）

2　特例公債の発行等

(1) 政府は、財政法第4条第1項ただし書の規定により発行する公債のほか、平成28年度の一般会計の歳出の財源に充てるため、予算をもって国会の議決を経た金額の範囲内で、公債を発行することができること。（第2条第1項関係）

(2) (1) による公債の発行は、平成29年6月30日までの間、行うことができることとし、同年4月1日以後発行される当該公債に係る収入は、平成28年度所属の歳入とすること。（第2条第2項関係）

(3) 政府は、(1) の議決を経ようとするときは、その公債の償還の計画を国会に提出しなければならないこと。（第2条第3項関係）

(4) 政府は、(1) により発行した公債については、その速やかな減債に努めるものとすること。（第2条第4項関係）

3　施行期日

この法律は、平成28年4月1日又はこの法律の公布の日のいずれか遅い日から施行すること。（附則関係）

3-3
年限別—国債の種類②

国債には発行根拠法による種類分けだけでなく、年限に応じた5年債とか10年債といった種類分けがあります。また、物価連動国債、個人向け国債といった種類も存在しています。

▶▶ 債券市場の状況

日銀の**資金循環統計**から債券市場の状況をみてみると、2015年12月末現在の債券の残存額では、国債の残存額が約1035兆円に対し、地方債は約75兆円、政府関係機関債約77兆円、金融債と事業債が約82兆円などとなっています。

国債残存約1035兆円に比べ、地方債、政府機関債、金融債と事業債の残存を合わせても約234兆円程度しかなく、日本の債券市場の中では取引量、発行量含めて国債が抜きん出ています。

▶▶ 国債の種類

国債の種類について、現在*発行されているものを年限別にみてみましょう。最も期間の短い国債は、**TB***とも言われる**割引短期国債**です。その名の通り割引方式で発行されます。2009年2月の入札より、**割引短期国庫債券(TB)**は**政府短期証券(FB)**とともに「**国庫短期証券(TDB***)」として統合発行されています。流通市場の売買についても、国庫短期証券として売買されています。

このように発行根拠が実際には一体化されているのは**利付国債**も同様で、入札される国債は建設国債、赤字国債、借換債という色分けはされておらず、混在して発行されています。つまり期間1年を超える国債としては、2年利付国債をはじめとして、5年利付国債、10年利付国債、20年利付国債、30年利付国債、40年利付国債が発行されていますが、それぞれ発行される毎に発行根拠法が何であるかが明らかにされています。

利付国債のなかで、2年と5年ものは**中期国債**、10年国債は**長期国債**、20年、30年、40年ものは**超長期国債**と呼ばれます。

---

* **現在**　2023年9月末時点。
* **TB**　Treasury Bills の略。
* **TDB**　Treasury Discount Bills の略。

個人向け専用の国債として**個人向け国債**も発行されています。

　利付国債は、発行されるときに決められた利率が償還まで変らずに支払われるため、**確定利付**といった言い方もされます。割引方式の国債も償還まで持てば利回りは確定しています。

　確定利付に対して市場金利に連動して金利が変化する「**変動利付**」があります。この国債としては15年**変動利付国債**があります。これは10年国債の応募者利回りを基準にして、利率が半年毎の利払いの都度、10年国債の利回りの変化に応じて、改定される仕組みになっています。ただし、この15年変動利付き国債は現在は休債中となっています。

第3章　債券の種類を知る

令和５年度国債発行予定額

＜発行根拠法別発行額＞

区分	令和４年度（当初）	４年度（補正後）	５年度（当初）
新規国債（建設・特例国債）	36.9兆円	62.5兆円	35.6兆円
ＧＸ経済移行債（仮称）	－	－	0.5兆円
復興債	0.2兆円	－	0.1兆円
財投債	25.0兆円	16.5兆円	12.0兆円
借換債	152.9兆円	148.5兆円	157.6兆円
国債発行総額	215.0兆円	227.5兆円	205.8兆円

＜消化方式別発行額＞

区分	令和４年度（当初）	４年度（補正後）	５年度（当初）
市中発行分	209.9兆円	221.6兆円	200.3兆円
カレンダーベース市中発行額	198.6兆円	203.1兆円	190.3兆円
個人向け販売分	2.9兆円	3.6兆円	3.5兆円
日銀乗換	2.2兆円	2.2兆円	2.0兆円
合計	215.0兆円	227.5兆円	205.8兆円

出所：財務省ホームページ

3-4
地方債、政府保証債の種類

公共債と呼ばれる債券のなかには国債のほかに地方公共団体が発行する地方債や、公庫などの政府関係機関が発行する政府関係機関債もあります。政府関係機関債のうち、元本及び利子の支払いを政府が保証しているのが政府保証債と呼ばれています。

▶▶ 地方債とは

地方自治体は予算の定めるところにより、**地方債**を起こすことができるとされています（地方自治法第230条）。地方債の起債目的、限度額、起債方法、利率、償還方法なども予算で定められます。

公募地方債は総務省が認めた都道府県と政令指定都市しか発行できません。しかし、2006年度に地方債発行の自由化が始まり、その地域に在住または在勤する人々のみを対象とした「**ミニ公募地方債**」の発行が可能になったことで、原則としてすべての自治体が発行可能ということになっています。

地方債は、地方財政法第5条に基づいて発行される**建設地方債**が原則となっています。原則として赤字債の発行は禁じられているのですが、実際のところは、特例法により、一定量の**赤字地方債**または**特例債**も発行されています。たとえば、地方税減収補填債、減税補填債、退職手当債などの経常経費に充当する例外や、交付税財源の不足を補填するための財源対策債、調整債などや、国庫負担金の代わりとして発行される臨時財政特例債といったものもあります。

地方債の種類は、このような法令別だけでなく、会計別、引受機関、発行形態等に応じていくつかに分類されています。

会計別では、地方行政機関の財政部門が一般会計制度にしたがって発行する**普通会計債**と、水道事業、交通事業等の地方公営企業が発行する**公営企業債**があります。

引受機関別には、**公募債**と**銀行等引受債**があり、また、公募債は「**市場公募地方債**」と「**住民参加型市場公募地方債**（ミニ公募地方債）」とに分けられます。

銀行等引受債の発行形態は、通常は証書借入または証券発行の2種類の形式となっていますが、公募債は証券形態のみで発行されています。

▶▶ 政府保証債とは

　公庫などの政府関係機関が発行するのが「**政府関係機関債**」です。そのうち、元本および利子の支払いを政府が保証しているのが「**政府保証債**」です。また、2001年度ぶんからは財政投融資改革により、政府関係機関は自主的な資金調達の必要が出てきたことから政府保証のつかない政府関係機関の債券が発行されるようになり、これは「**財投機関債**」と呼ばれているものです。

　財投機関債とは、独力で資金調達できる法人（日本政策投資銀行、公営企業金融公庫、新関西国際空港などの株式会社）が発行する政府保証が付かない債券です。

　これに対して政府保証債とは、独力では資金調達することが困難な法人が、財務省の厳正なる審査を受けた上で政府保証が付与され発行される債券です。

　そして国債でもある財投債とは、財投機関債、政府保証債のいずれでも資金調達が困難な場合に、財務省が発行する国債です。そこで調達した資金を、財投機関に融資する形式となっています。

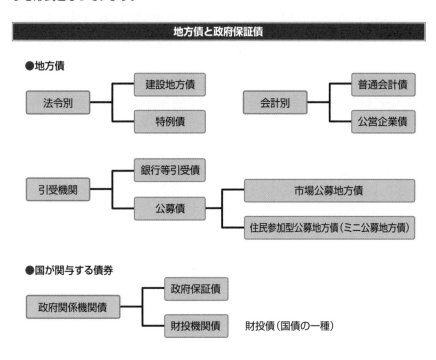

地方債と政府保証債

●地方債

●国が関与する債券

3-5
社債の種類

国や地方公共団体や政府機関が発行するのではなく、民間の企業が発行する債券もあり、これは社債と呼ばれています。社債は、事業会社が設備投資や運転資金等を調達するために発行する債券です。

▶▶ 社債の種類

社債は、事業会社が設備投資や運転資金等を調達するために発行する債券です。このうち、確定利子の支払いがあり、償還があるなど債券の基本的な特徴をもったものを**普通社債**と呼んでいます。普通社債は**SB**（ストレートボンド）とも呼ばれます。

普通社債の償還までの期間はまちまちで、利率も発行会社の信用力や発行時点の金利情勢などによって異なります。

さらに国債と同様に利払い方式の違いにより、毎年決まった時期に数回利子が支払われる固定利付債、利子の支払いがなく額面以下の価額で発行され、額面金額の差額が実質的な利子に相当する割引債、一定の法則にしたがって支払われる利子が変動する変動利付債などがあります。

発行体による区別もあります。たとえば、普通社債のうち電力会社が発行するものを**電力債**、NTTが発行するのものを**NTT債**と呼び、その他の一般の事業会社が発行する一般事業債と区別しています。これはかつて法的に特別の制度のあった名残で、必ずしも区別する必要性はなくなっています。

金融債は、特別な法律により債券発行が認められた金融機関が発行する債券ですが、みずほ銀行が金融債の新規発行を2007年3月27日に終了するなど、金融債の発行は減少しています。

社債の仕組みに応じた違いとして、普通社債に対して**劣後債**と呼ばれる社債があります。これは一般の債権よりも債務弁済の順位が劣る社債のことを言います。会社が倒産などした場合に、一般の債権者への支払いを全て終えたあとに、支払いが可能であれば、利払いや償還（債務の返済）が行なわれる債券です。

また社債には、以前に転換社債と呼ばれていたような株式に転換できるものもあります。転換社債は2002年4月の商法改正により、非分離型の新株引受権付社債（ワラント債）と合わせて「**新株予約権付社債**」と呼ばれることになりました。このうち転換社債タイプの新株予約権付社債は「**転換社債型新株予約権付社債**」と呼んでいます。

「**仕組み債**」もしくは「**スキーム債**」と呼ばれる社債もあります。また社債には海外で発行されるものや、個人向けの社債も発行されています。

▶▶ 公募債と私募債

社債の種類としては、**公募債**か**私募債**かという区分も重要になります。不特定多数の一般投資家に募集を行なう公募に対して私募とは、事業会社などが発行する債券を特定少数の投資家が引き受けるという形式のものです。非公募債あるいは**縁故債**とも呼ばれています。国債でも以前には第7回債までの15年変動利付国債や第1回の20年国債のように私募形式で発行されたこともありますが、それは稀なケースです。社債においては私募形式で発行されることも多いのです。

私募債のうち少人数私募債と呼ばれるものは、50名未満（一定の制限あり）の引受者（役員、縁故者、取引先など）に対して取締役会の決議に基づき発行され、発行金額、償還期間や利率を自由に決められる社債です。

社債の種類

社債の種類	少人数私募債	適格機関投資家私募債	新株予約権付社債	公募社債
募集方法	私募	私募	私募または公募	公募
担保の有無	無担保もしくは有担保	無担保もしくは有担保	無担保もしくは有担保	無担保もしくは有担保

3-6
外債の種類

日本政府や日本の企業が日本で発行する債券は国内債とも呼ばれるのですが、これに対して海外の政府や政府系機関、地方公共団体や国際機関、また民間企業が発行する債券のことを外債と呼んでいます。

▶▶ 外債の種類

海外で発行される債券を「**外債**」と呼んでいます。そのため、外債の範囲は多岐にわたります。たとえば、最初に発行された日本国債は鉄道敷設を目的とした九分利付外貨国債で、これはロンドンで発行した外債でした。

このように外国の政府や政府系機関、地方公共団体、そして国際機関などが発行する公共債から 民間企業が発行する社債まで、外債にもさまざまなものがあります。また、利子の支払いや償還金の支払いなどがどの通貨で行なわれるのかに応じて、「円貨建て」「外貨建て」「二重通貨建て」といったタイプに区分されます。

国内で海外の発行者が発行する債券には、円建てで発行される円建て外債（サムライ債）とユーロ円債と外貨建て外債（ショーグン債）の3種類があります。

●サムライ債

円貨建て外債は、国際機関や外国の政府、法人が日本国内で発行する円貨建の債券で、「円建て外債」とか「**サムライ債**」とも呼ばれます。原則として元利払いがすべて円貨で行なわれるため、日本の投資家が購入する際には、為替リスクはありません。

●ユーロ円債

日本国外で発行される円建ての債券には「**ユーロ円債**」と呼ばれるものもあります。原則として元利払いがすべて円貨で行なわれ、投資の際に為替リスクが生じないのは円建て外債と同じですが、ユーロ円債は発行体が海外の発行体に限らない点と、海外市場（**ユーロ市場***）で発行されるので、債券の受け渡しや保管が海外の決済機関によって行なわれる点が異なっています。

***ユーロ市場**　通貨としてのユーロ圏の市場ということではなく、ある国の通貨で表示された資金を、その通貨の発行国以外の国で取引する市場のこと。

●ショーグン債

　海外の発行体が外貨建てで、しかも日本国内で発行するという「外貨建て外債」という債券もあります。債券市場関係者などは「**ショーグン債**」といった呼び方もしています。購入時に比べて円安になると為替差益が生じますが、円高になったときは為替差損が生じます。ただし税制面で不利なところなどもあって、最近は停滞しているようです。

▶▶ デュアル・カレンシー債

　二重通貨債は、利払いと償還が異なる通貨で行なわれる債券です。このうち払い込みと利払を円貨建て、償還を外貨建てで行なうものを「**デュアル・カレンシー債**」と呼んでいます。また、払い込みと償還が円貨建て、利払が外貨建てで行なわれる「**リバース・デュアル・カレンシー債**」（**逆二重通貨債**）もあります。

　利払い方式では、固定利付債や変動利付債がありますが、割引債と同様の「**ゼロクーポン債**」と呼ばれるものがあり、これは利子がないかわりにあらかじめ額面に対して一定率が割り引かれた価格で発行され額面金額で償還されます。

　さらに「**ディープ・ディスカウント債**」と呼ばれるものもあり、払込み価格が額面より低いぶん、利率は利付債に比べて低く設定されます。利子と償還差益（額面と払込価格の差額）の両方が得られます。

サムライ債とショーグン債

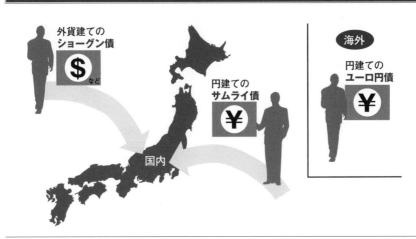

外貨建ての
ショーグン債

$ など

円建ての
サムライ債

¥

海外

円建ての
ユーロ円債

¥

国内

第3章　債券の種類を知る

3-7
米国とドイツの国債

日本の債券のことを知る上では、海外で発行される債券との比較も大切です。海外の国債として代表的で世界の債券市場のなかでも最も影響力が大きい米国の国債と、ユーロ圏の債券市場での指標となっているドイツの国債についてみてみましょう。

▶▶ 影響力が大きい米国債

世界の国債市場のなかでも最も影響力が大きいのが米国の国債市場です。発行額も多い上に、流動性も高く、さらに海外投資家による保有額も大きいためです。米国債は米財務省債券「**トレジャリー**」とも呼ばれ、この動向は各国の金融市場にも大きな影響を与えています。

米国債のなかで指標(ベンチマーク)となっているのが10年債です。以前は30年債がベンチマークとなっていたのですが、米財政の黒字化などによって、発行コストの高かった30年債の発行が2001年10月から一時期、取りやめられたのを契機に10年債がベンチマークとなりました。

米国債の種類としては市場性国債と非市場性国債に分けられます。市場性国債とは広く一般の投資家を対象に売買が自由にできるものです。市場性国債の種類には、財務省証券(Treasury Bills)と呼ばれる1年未満の割引債と、中期国債(Treasury Notes)と呼ばれる償還期限が1年超10年以下の利付債(2年・3年・5年・7年・10年)、そして長期国債(Treasury Bonds)と呼ばれる償還期限が10年超の利付債(20年、30年)があります。

また、元本およびクーポンが消費者物価指数に連動するTIPSと呼ばれる物価連動債(5年・10年・30年)も発行されています。

非市場性国債には、米国の個人向け国債である貯蓄国債と、米財務省が政府管轄の政府機関や信託基金、特別会計に対して直接発行されるものがあります。

▶▶ ドイツの国債

　東西ドイツ統一時に大量発行されたドイツの国債は、主に海外投資家に購入され、欧州金融市場の国債の指標的な地位を確立しています。

　ドイツの国債には短期、中期、長期の3種類があります。短期国債としては短期割引国債 (BuBills) の6か月物が定期発行されています。2009年からは1年物、そして3カ月物、9か月物が発行されています。中期国債としては2年物 (Schatz) と5年物 (Bobl) が発行されています。

　長期国債は10年物 (Bund) で、日本ではよく複数形で30年物を含めて「**ブンズ**」と呼ばれます。発行量も多く、ドイツというよりも欧州債券の中心的役割を担っています。ドイツ国債の利回りは、ユーロ加盟国すべての国債のベンチマークとしても利用されています。また、5年物と10年物の物価連動国債も発行されています。

第3章　債券の種類を知る

世界の国債

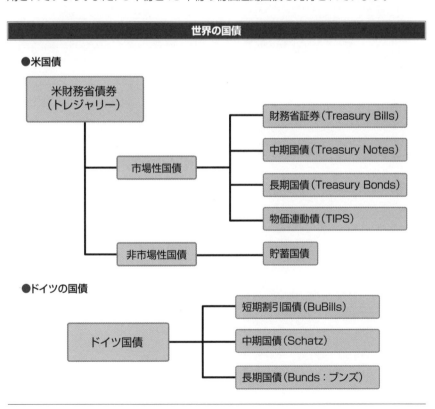

●米国債

　米財務省債券（トレジャリー）
　　市場性国債
　　　財務省証券 (Treasury Bills)
　　　中期国債 (Treasury Notes)
　　　長期国債 (Treasury Bonds)
　　　物価連動債 (TIPS)
　　非市場性国債
　　　貯蓄国債

●ドイツの国債

　ドイツ国債
　　短期割引国債 (BuBills)
　　中期国債 (Schatz)
　　長期国債 (Bunds：ブンズ)

債券の分類

償還期限による分類			
	短期債		償還期限が1年以内の期間の債券
	中期債		償還期限が1年から5年あたりの債券
	長期債		償還期限が5年から10年あたりの債券
	超長期債		償還期限が10年を超える債券
	永久債（コンソル債）		償還期限のない債券
国内の発行体による分類			
	公共債		国や地方公共団体などが発行する債券
		国債	国が発行する債券
		地方債	地方公共団体が発行する債券
		財投機関債	政府関係機関が発行する債券
		政府保証債	政府関係機関が発行する債券
	民間債		公的機関ではない民間企業などが発行する債券
		社債	事業会社が発行する債券。事業債ともいう
		転換社債型新株予約権付社債	転換社債と呼ばれた社債
		新株予約権付社債	ワラント債と呼ばれた社債
		他社株転換社債	EB債ともいう社債
		金融債	特定の銀行・金庫が発行する債券
	外国債		外国政府や法人が発行する債券。外債とも呼ぶ
	円建て外債		国際機関・外国の政府や民間企業が日本国内で発行する円貨建て債券。サムライ債ともいう
	外貨建て外債		外国政府や法人もしくは国内法人が国外で発行する債券
形態による分類			
	利付債		毎年もしくは半年に一度利子が支払われる債券
		固定利付債	利率が償還期限まで変わらない債券
		変動利付債	利率が変動する債券
		物価連動債	物価に連動するという債券
	割引債		額面から利子相当分を割り引いた価格で発行され、期限に額面で償還される債券。ゼロクーポン債とも呼ばれる
発行形態による分類			
	公募債		不特定多数の一般投資家に募集を行なう債券
	私募債		事業会社などが発行する債券を特定少数の投資家が引き受ける債券
	縁故債		債券の発行者と特定の関係にある投資家だけが購入できる債券
担保による分類			
	一般担保債		担保付きの債券
	物上担保債		担保付きの債券
	無担保債		担保が付いていない債券
償還条件による分類			
	コーラブル債		繰り上げ償還が可能な債券
		個人向け劣後債	金融機関などが個人向けに発行する債券
	ノンコーラブル債		繰り上げ償還条項のない債券
その他			
	仕組み債		デリバティブと絡めた債券

債券の発行から償還まで

債券は発行されることで世の中に出てそれを投資家が買うことになります。債券はどのように発行されるのでしょうか。途中で支払われる利子はどのようにして決まるのでしょうか。債券が満期となり償還されて現金が戻ってくるまでの仕組みをみてみましょう。

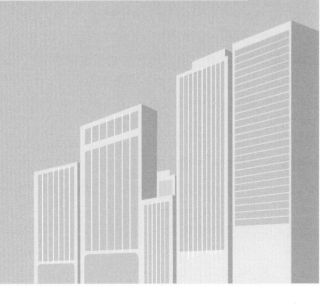

4-1
債券の発行

債券を発行する場のことを発行市場と呼んでいます。また。債券を発行することは起債するとも言います。債券はどのようにして発行されるのか。まずはその基本的な仕組みについてみてみましょう。

▶▶ 債券の発行市場

債券を新たに発行する場は、**発行市場**と呼ばれます。そして新規で発行される債券は**新発債**と呼ばれます。また債券を発行することを「起債する」と言います。発行市場に対して、すでに発行された債券を売買するところが流通市場です。新発債に対してすでに発行された債券のことを**既発債**と呼んでいます。

債券の発行には**公募方式**と**私募（非公募）方式**があります。公募方式が広く一般の投資家を対象に発行を行なう方式であるのに対し、私募方式は特定少数の投資家のみを対象に発行される方式です。

債券の発行のほとんどは公募方式によるもので、大きく募集発行、入札発行、売出発行の3つの発行形式に分けられます。

募集発行とは一般的な債券の発行方式でもあり、あらかじめ発行者が発行総額や利率、発行価格、発行日、募集期間等の発行条件を決めておいて、投資家を募集する方法です。債券を購入する投資家は募集期間内に応募します。

入札発行とは、発行者があらかじめ発行総額を決めておき、入札によって発行する価格などを決定する方式です。国債の発行のほとんどはこの入札形式によって発行されています。また、売出発行とは、債券の発行総額をあらかじめ決めずに期間中に応募された金額を発行総額とする方法です。個人向け国債の発行などにこの方式が使われています。

▶▶ 引受シンジケート団とは

債券の発行にあたっては発行者が直接投資家に発行する形式のものもありますが、専門の知識を持っている金融機関が間に入ることで、より大きな金額の債券を発行することが可能となります。

　さらに発行者が金融機関（**引受会社**）に募集を委託し、応募額が募集総額に達しない場合にその残額を引き受けさせる方式が、**引受募集**と呼ばれる方式です。売れ残りが生じた際には引受会社が自ら引き取らなければならず、それによって発行予定総額の全額の発行が保証されることになります。

　公共債のような大きな発行額の際には、1社だけで引き受けるとリスク負担が大きくなってしまいます。このため数社が集まって共同で引き受けを行なうということが多くあり、この集まりのことを**引受シンジケート団**と呼んでいます。

　以前の国債発行は、この引受シンジケート団による発行が主流となっていましたが、国債の流通市場が発達してきたことなどから、次第に入札方式に比重が移り、2006年3月末をもって国債に関して引受シンジケート団は廃止されました。

　なお国債の「発行」に関する事務（国債の入札の通知や応募の受付、払込金の受入など）は日銀が行っています。また、国債の登録や保管、振替決済に関する事務、さらに国債元利金の支払に関する事務（国債の利払いや償還、国債証券の利札や券面の回収など）も日銀が行っています。

シ団引受の仕組み

　2006年3月31日に、40年もの長きにわたって存続していた国債の引受シンジケート団が廃止された。この国債引受シンジケート団は1966年1月に戦後始めての国債が発行されて以来、国債の安定消化のための組織として機能した反面、国債の競争入札制度の普及とともに形骸化していた。このシ団制度とは、国債の募集、引受を目的として、主要な金融機関により組織された国債募集引受団（シ団）が総額引受を行う制度。

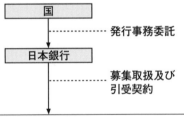

シ団内契約	都銀	外銀	長信銀	普銀	地銀	信託	第二地	信金	信組	労金	農林系	商中	証券	外証	生保	損保	計
シ団代表者メンバー数	6		1	1	5	2	1	1			1		7	2	1	1	29
シ団代表者	6	9	1	1	64	4	47	293	50	14	630	1	39	16	13	13	1201

（注）メンバー数は、平成18年3月債入札時点

出所：財務省ホームページ

4-2
国債を発行するまでの手続き

債券が発行される仕組みをみるにあたって、債券の代表格とも言える国債が発行される仕組みからみてみましょう。国債は国が発行するものですが、そこに絡んでくるのが国の予算となります。

▶▶ シーリング

国の予算編成にあたっては、毎年8月頃に財務省がそれぞれの省庁に対して、来年度予算として、どのくらいのお金が必要かを聞くところから始まります。

各省庁は財務省に対し、翌年度予算において、必要な金額を要求するのですが、これが「**概算要求**」と呼ばれるものです。概算要求の前に、財務省から要求の基準が設定されます。この基準が**概算要求基準（シーリング）**です。シーリングとは天井、つまりこの場合には要求の限度額のことです。各省庁の要求を元にして、財務省はそれぞれの予算の必要性や重要性などをさらに検討します。シーリングとは天井のことですが、2014年度予算以降では歳出全体の上限は設定されていません。ここから実際の予算案の編成に向けて調整が行なわれます。

12月までに、財務省において翌年度の予算編成が進んでいきます。ちなみに、予算を編成して国会に提出するのは内閣ですが、実際に予算編成の任にあたるのは財務大臣となります。財務省は予算の原案を作り、それを通常は毎年12月20日頃、閣議に提出して、来年度の政府案が閣議決定されるのです。

国の予算の歳入には、税収やその他収入がありますが、それで歳出を賄えない場合に、「**公債金**」という項目が設けられます。これが翌年度の新規に発行される国債（新規国債もしくは新規財源債と呼ばれる建設国債と赤字国債の合計）の発行額となるわけです。ちなみにその他収入というのは、税金・公債金以外のすべての収入で、具体的には国の事業で得た収入や、国有財産を処分したことによる収入、また国立の美術館・博物館の入場料などが含まれます。

▶▶ 国債発行計画

　財務省原案が閣議提出される際に国債発行計画が発表されます。国債には予算上の国債（新規国債）のほかに、借換債や財投債と呼ばれる国債も含まれます。**国債発行計画**では新規国債と借換債、財投債も含めた翌年度の国債発行総額が発表されます。これによって、発行年限別の国債が年度を通じてそれぞれいくら発行されるのか、そのうちの民間金融機関の消化分となる市中消化額がいくらなのかなどが明らかになります。

　この国債発行計画は国債市場特別参加者会合などを通じて、市場参加者の意見などを考慮して、財務省が決定しているものです。

　国債については2006年3月末で国債引受シンジケート団が廃止され、国債の多くが入札を通じて発行される仕組みとなっています。ただ一部に引受方式によるものも残っています。

第4章 債券の発行から償還まで

政府の予算編成のスケジュール

概算要求基準の閣議了解〈8月中旬〉 → 各省庁から財務省へ概算要求の提出〈8月末日〉 → 財務省の予算編成作業〈9月上旬～12月中旬〉 → 財務省原案の閣議提出〈12月下旬頃〉 → 復活折衝（財務省と各省庁の交渉）→ 政府案閣議決定〈12月下旬頃〉 → 国会提出閣議、国会提出〈翌年1月下旬〉 → 予算の成立〈翌年3月下旬〉

4-3
国債の利子はどのようにして 決まるのか

日銀による長短金利操作付き量的・質的緩和策の登場で、金利はすべて日銀が決めているかのように思っている人がいるかもしれません。しかし、預貯金などの金利を決めているのは各金融機関であり、債券の利回りは本来、市場で決められるものなのです。

▶▶ 規制金利から金利の自由化へ

日本における金利の形成は、戦後から長い期間にわたり規制されていたのですが、国債の大量発行をきっかけとして徐々に規制によるものから、市場に委ねられるものとなってきました。

第二次大戦後、経済復興のために厳格な金利規制がかたちづくられていました。日本経済の復興とその後の経済成長を促すには、大手企業の設備投資などのために安定的な企業の資金調達を可能にする必要があったからです。そのため金融機関の金利を一定にするなどによって、間接金融を通じての安定的な金融体制が作り上げられていたのです。

戦後の金融制度の特色

業務分野規制

銀行と証券、普通銀行と長信銀など業態ごとに分離し、業務を制限した。

金利規制

同じ金利

預金金利などに上限を設け、低金利にすることで銀行に収益を上げさせた。

間接金融の優位

政府

銀行　銀行

「一行たりともつぶさない」の方針のもと、護送船団方式で銀行を保護した。

　ところが、高度成長から低成長時代への経済構造の変化に伴い、規制はむしろ金融の効率性を損なうと考えられるようになりました。海外市場ではすでに金利は自由化されていたこともあり、1970年代後半から日本でも金利の自由化が推進されたのです。

　日本での金利の自由化が推進されたひとつのきっかけが、第一次石油危機による不況の影響で生じた国債の大量発行でした。国債を購入していた民間金融機関は、引受ける国債の金額が大きくなってきたことで、その一部を流通市場で売却する必要性が生じたのです。このときまで、政府から国債を引き受けた銀行が勝手に国債を売ることが禁じられていました。国としても大量の国債発行を円滑に行なうためには、銀行による国債の売却を認めざるを得なくなりました。日本でも本格的な債券の流通市場が徐々に形作られてきたことで、転売価格が自由に形成されるようになり、これをひとつのきっかけとして規制金利の一角が崩れたのです。

　1975年以降のコールレートや手形レートの弾力化などに伴い、短期金融市場においても金利自由化が進みました。1978年にはコールレートと手形売買レートの建値制度が廃止されました。大量の国債発行に伴い自然発生していた債券現先市場も発展し、企業の流動性資金を吸収する手段として、1979年には銀行にCD（**譲渡性預金**）の発行が認められました。また無担保コール市場が1985年に創設されています。

　預貯金金利に関しては、米国などからの圧力によって自由化が進められ、1985年には**MMC**（**市場金利連動型預金**）が導入され、10億円以上の大口定期預金の金利が自由化されました。1993年には定期性預金、1994年には普通預金の金利が完全に自由化されました。

　このように日本における金利は戦後から長い期間にわたり規制されていたのですが、国債の大量発行をきっかけとして、徐々に規制によるものから、市場に委ねられるものとなっていったのです。

▶▶ 日銀の政策金利

　2016年1月の日銀の金融政策決定会合でマイナス金利付き量的・質的緩和の導入が決定され、その後、同年9月の長短金利操作付き量的・質的緩和の導入により、日本の金利の決定に大きな変化が生じました。

　本来、短期金利は日銀の金融政策によってその水準が決められていました。それに対して長期金利については、本来は国債流通市場で形成された国債の利回りとなっていたのですが、その長期金利も日銀がその水準を決定してしまうことになってしまったのです。

　国債以外の債券の金利は国債の利回りが元になり、信用力に応じて国債の利回りから上乗せ金利が決められ、その債券の利回りとなっているのですが、その基準となる長期金利の決定権が日銀に委ねられるようになってしまったのです。

4-4
国債の入札

国債を発行するには入札という方式を使っています。銀行や証券会社などが日銀ネットというシステムを使って競争入札によって国債は発行されるのです。国債の入札は金額が大きいだけに結構、神経を使います。

▶▶ 国債市場特別参加者制度

財務省は年度の国債発行計画を主に12月に発表しますが、毎月の発行予定については3か月前に月間の発行スケジュールを発表しています。このスケジュール表は財務省のホームページで確認することができます。

そして国債入札日の一週間前には、あらかじめその国債の発行額が発表されます。ただし、増発や減額など発行額の変更に関しては、補正予算等の編成を見ながら国債市場特別参加者会合などを通じて発表されるため、発行額が突然変更されることは余程のことがない限りありません。

ちなみに国債市場特別参加者制度とは、日本版の**プライマリー・ディーラー制度***ともいうべきもので、一定の応札・落札責任が課されますが国債市場特別参加者会合への参加資格や、定率公募入札や買入消却入札への参加資格といった特別の資格が与えられる制度です。

国債の入札日の前日には、財務省から国債市場特別参加者などに対して、ヒアリング（聞き取り調査）が実施されます。投資家の需要はどの程度あるのか、それを受けて業者がどの程度の金額の札を入れてくるのか、また、利率はどの程度が適切なのかを聞くことによって、設定する国債の利率など条件の参考にするのです。

▶▶ 入札の実際

入札日当日のスケジュールをみてみましょう。当日の10時30分に利率や回号、発行日、償還日、利払い日などが財務省から発表されます。

銀行や証券会社等の金融機関などが参加する国債入札には、**日銀ネット**というオンライン端末を使用します。国債の発行は財務省が行ないますが、その決済等は日銀が行なっています。

***プライマリー・ディーラー制度** アメリカ政府公認の証券ディーラー。

　入札の参加者は、投資家や他の参加者の動向を見極めようと、締切時間ぎりぎりまで探り合いをしています。10年債などは1銭刻みで入札を行なうのですが、1銭違いで落としたい額が落とせないといった事態もありうるためです。2年以上の国債入札の締め切り時間は当日の11時50分となり、この時間を過ぎると入札できません。

　昔の国債入札においては、入札する参加者は日銀に直接入札したい金額を書き込みした専用の用紙を持ち込んだのですが、慌てていたために途中で転んでしまい、時間に間に合わなかったという事態も発生しました。日銀ネットでの入札でも昔、12時ちょうどに送信ボタンを押したつもりが、瞬間間に合わなかったというケースもあったようです。

　国債の入札結果の発表は、幾度かの時間の繰り上げがあり、現在は12時35分となっています。昔は14時30分に発表されていたこともありました。発表時間の繰り上げは入札の集計が速くなったことや、債券先物を使ってヘッジ（価格変動リスクを回避すること）するにも、落札結果発表時間から債券先物取引の終了時間までが短時間では難しいといった意見があったためです。

　国債を落札した際に、国債の価格に連動して動く債券先物を売ることによって、価格の変動リスク、この場合は価格が下落するリスクをある程度抑えられます。

▶▶ 落札の結果

　国債の落札結果は、財務省のホームページにアップされます。また、マスコミにも同時に発表されることで、ブルームバーグ、ロイター、QUICKといった情報ベンダーの端末からも知ることができます。

　国債落札結果の発表において、**コンベンショナル方式**の場合は、最低落札価格と平均落札価格が発表されます。コンベンショナル方式とは、価格競争で入札し、発行予定額に達するまで応募価格の高い参加者から落札するやり方です。最低価格と平均価格の価格差が**テール**と呼ばれます。このテールは短ければ短いほど人気が高いとも言えます。そのほか、最低落札価格における案分比率や応募額、落札額も発表されます。

　応札額を落札額で割ったものが「**応札倍率**」です。応札倍率はその入札の人気度を示すバロメーターとも言われています。

国債の入札日程（令和5年度）

日付	入札対象国債等	日付	入札対象国債等
1月5日	国庫短期証券（3ヶ月）（第1129回）	3月16日	20年利付国債（第183回）
1月5日	10年利付国債（第369回）	3月17日	国庫短期証券（3ヶ月）（第1146回）
1月6日	国庫短期証券（6ヶ月）（第1130回）	3月23日	流動性供給入札
1月6日	10年物価連動国債	3月24日	国庫短期証券（3ヶ月）（第1147回）
1月10日	国庫短期証券（3ヶ月）（第1131回）（変更）	3月28日	40年利付国債（第15回）
1月11日	国庫短期証券（3ヶ月）（第1131回）（変更後）	3月30日	2年利付国債（第447回）
1月11日	30年利付国債（第77回）	4月3日	国庫短期証券（3ヶ月）（第1148回）
1月13日	国庫短期証券（3ヶ月）（第1132回）	4月4日	10年利付国債（第370回）
1月13日	5年利付国債（第155回）	4月6日	国庫短期証券（6ヶ月）（第1149回）
1月17日	流動性供給入札	4月6日	30年利付国債（第78回）
1月19日	国庫短期証券（1年）（第1133回）	4月7日	国庫短期証券（3ヶ月）（第1150回）
1月19日	20年利付国債（第183回）	4月10日	10年物価連動国債
1月20日	国庫短期証券（3ヶ月）（第1134回）	4月11日	5年利付国債（第157回）
1月24日	流動性供給入札	4月13日	流動性供給入札
1月26日	40年利付国債（第15回）	4月14日	国庫短期証券（3ヶ月）（第1151回）
1月27日	国庫短期証券（3ヶ月）（第1135回）	4月18日	流動性供給入札
1月31日	2年利付国債（第445回）	4月19日	国庫短期証券（1年）（第1152回）
2月2日	10年利付国債（第369回）	4月20日	20年利付国債（第184回）
2月3日	国庫短期証券（3ヶ月）（第1136回）	4月21日	国庫短期証券（3ヶ月）（第1153回）
2月7日	30年利付国債（第77回）	4月26日	2年利付国債（第448回）
2月9日	国庫短期証券（6ヶ月）（第1137回）	5月2日	国庫短期証券（3ヶ月）（第1154回）
2月9日	10年物価連動国債（第27回）	5月2日	流動性供給入札
2月10日	国庫短期証券（3ヶ月）（第1138回）	5月9日	国庫短期証券（6ヶ月）（第1155回）
2月13日	流動性供給入札	5月9日	10年利付国債（第370回）
2月16日	国庫短期証券（1年）（第1139回）	5月11日	30年利付国債（第78回）
2月16日	5年利付国債（第156回）	5月12日	国庫短期証券（3ヶ月）（第1156回）
2月17日	国庫短期証券（3ヶ月）（第1140回）	5月12日	10年物価連動国債
2月20日	10年物価連動国債	5月15日	5年利付国債（第158回）
2月21日	20年利付国債（第183回）	5月17日	20年利付国債（第184回）
2月24日	国庫短期証券（3ヶ月）（第1141回）	5月18日	国庫短期証券（1年）（第1157回）
2月24日	流動性供給入札	5月19日	国庫短期証券（3ヶ月）（第1158回）
2月28日	2年利付国債（第446回）	5月19日	流動性供給入札
3月2日	10年利付国債（第369回）	5月23日	10年物価連動国債（第28回）
3月3日	国庫短期証券（3ヶ月）（第1142回）	5月25日	40年利付国債（第16回）
3月6日	10年物価連動国債	5月26日	国庫短期証券（3ヶ月）（第1159回）
3月7日	30年利付国債（第77回）	5月30日	2年利付国債（第449回）
3月8日	国庫短期証券（6ヶ月）（第1143回）	6月1日	10年利付国債（第370回）
3月9日	国庫短期証券（3ヶ月）（第1144回）	6月2日	国庫短期証券（3ヶ月）（第1160回）
3月9日	流動性供給入札	6月6日	30年利付国債（第78回）
3月14日	5年利付国債（第156回）	6月8日	国庫短期証券（6ヶ月）（第1161回）
3月16日	国庫短期証券（1年）（第1145回）	6月8日	流動性供給入札

第4章　債券の発行から償還まで

4-4 国債の入札

日付	入札対象国債等	日付	入札対象国債等
6月9日	国庫短期証券（3ヶ月）（第1162回）	9月7日	国庫短期証券（6ヶ月）（第1180回）
6月13日	流動性供給入札	9月7日	30年利付国債（第79回）
6月15日	国庫短期証券（3ヶ月）（第1163回）	9月8日	国庫短期証券（3ヶ月）（第1181回）
6月19日	国庫短期証券（1年）（第1164回）	9月12日	5年利付国債（第161回）
6月21日	10年物価連動国債	9月13日	10年物価連動国債
6月22日	5年利付国債（第158回）	9月14日	20年利付国債（第185回）
6月23日	国庫短期証券（3ヶ月）（第1165回）	9月15日	国庫短期証券（3ヶ月）（第1182回）
6月27日	20年利付国債（第184回）	9月19日	国庫短期証券（1年）（第1183回）
6月29日	2年利付国債（第450回）	9月19日	流動性供給入札
6月30日	国庫短期証券（3ヶ月）（第1166回）	9月21日	国庫短期証券（3ヶ月）（第1184回）
7月4日	10年利付国債（第371回）	9月21日	流動性供給入札
7月6日	国庫短期証券（6ヶ月）（第1167回）	9月26日	40年利付国債
7月6日	30年利付国債（第79回）	9月28日	2年利付国債
7月7日	国庫短期証券（3ヶ月）（第1168回）	9月29日	国庫短期証券（3ヶ月）（第1185回）
7月11日	5年利付国債（第159回）	10月3日	10年利付国債
7月12日	10年物価連動国債	10月5日	国庫短期証券（6ヶ月）
7月13日	20年利付国債（第185回）	10月5日	30年利付国債
7月14日	国庫短期証券（3ヶ月）（第1169回）	10月6日	国庫短期証券（3ヶ月）
7月19日	国庫短期証券（1年）（第1170回）	10月11日	5年利付国債
7月19日	流動性供給入札	10月13日	国庫短期証券（3ヶ月）
7月21日	国庫短期証券（3ヶ月）（第1171回）	10月17日	20年利付国債
7月21日	流動性供給入札	10月19日	国庫短期証券（1年）
7月25日	40年利付国債（第16回）	10月19日	流動性供給入札
7月27日	国庫短期証券（3ヶ月）（第1172回）	10月20日	国庫短期証券（3ヶ月）
7月27日	2年利付国債（第451回）	10月25日	流動性供給入札
8月1日	10年利付国債（第371回）	10月27日	国庫短期証券（3ヶ月）
8月3日	10年物価連動国債（第28回）	10月30日	2年利付国債
8月4日	国庫短期証券（3ヶ月）（第1173回）	11月2日	国庫短期証券（3ヶ月）
8月8日	30年利付国債（第79回）	11月2日	10年利付国債
8月9日	国庫短期証券（6ヶ月）（第1174回）	11月7日	10年物価連動国債
8月10日	国庫短期証券（3ヶ月）（第1175回）	11月9日	国庫短期証券（6ヶ月）
8月10日	10年物価連動国債	11月9日	30年利付国債
8月15日	5年利付国債（第160回）	11月10日	国庫短期証券（3ヶ月）
8月17日	国庫短期証券（1年）（第1176回）	11月14日	5年利付国債
8月17日	20年利付国債（第185回）	11月16日	国庫短期証券（1年）
8月18日	国庫短期証券（3ヶ月）（第1177回）	11月16日	流動性供給入札
8月22日	流動性供給入札	11月17日	国庫短期証券（3ヶ月）
8月24日	流動性供給入札	11月21日	20年利付国債
8月25日	国庫短期証券（3ヶ月）（第1178回）	11月24日	国庫短期証券（3ヶ月）
8月29日	2年利付国債（第452回）	11月24日	流動性供給入札
9月1日	国庫短期証券（3ヶ月）（第1179回）	11月28日	40年利付国債
9月5日	10年利付国債（第371回）	11月30日	2年利付国債

出所：財務省ホームページ

4-5
地方債や政府保証債の発行方法

地方債を発行するときは、原則として都道府県および指定都市にあっては総務大臣、市町村にあっては都道府県知事と協議を行なうことが必要とされます。政府保証債の発行については発行の都度、発行額・発行条件等について主務大臣の認可が必要とされています。

▶▶ 地方債の発行方法

地方債も国債と同様に地方公共団体の歳出と歳入の差を埋めるものですが、地方財政上は年度を越える借り入れを示します。地方公共団体が地方債を発行するためには、総務大臣または都道府県知事に協議をしなければなりません。また、起債の目的、限度額、起債の方法、利率および償還の方法を予算で定めなければならないことになっています。地方公共団体が地方債を発行するときは、原則として都道府県および指定都市にあっては総務大臣、市町村にあっては都道府県知事と協議を行なうことが必要とされています。

地方債のうち公募債については、証券会社と金融機関とで発行体ごとに**引受シンジケート団（シ団）**が組成され、発行体との間で引受契約を締結します。残額が生じた際にはシ団がこれを引き受けます。引受メンバーの中から幹事会社が選ばれます。

公募債には地方公共団体が単独で発行する個別発行に加え、発行ロットを大型化し、発行コストの低減、安定的な調達等を図るため、2003年度から複数の公募団体が連帯債務方式のもと発行する**共同発行市場公募地方債（共同債）**が発行されています。共同債は原則、毎月発行されています。地方債、政府保証債の利率などの発行条件は、以前は国債の発行条件と連動して決定されていましたが、国債発行条件との連動性をなくし、流通市場での実勢利回り等を参考に決められるようになりました。

公募債には**住民参加型市場公募地方債**もありますが、地元金融機関がいったん引き受け、その後応募者に販売されています。

地方債の非公募債は**銀行等引受債**と呼ばれ、主に各地方公共団体の指定する金融機関によって引き受けられることが多く、発行額の大きな非公募債は、慣行として金融機関のみによる引受シ団が組成されます。

▶▶ 政府保証債の発行方法

　政府保証債の発行により調達された資金は、**財政投融資計画**の一部となるものであるため、毎年度の予算の中で発行総額が定められます。月々の発行銘柄や発行額は、各法人の資金計画を元に財務省により認可されます。

　政府保証債の発行については発行の都度、発行額・発行条件等について主務大臣の認可が必要とされ、主務大臣は認可に際して財務大臣と協議することとされています。しかし、実際には財務大臣、主務大臣が引受シンジケート団と協議して各銘柄を通じ同一の条件により認可がなされます。これが条件等を同一とする一体運営による方式（**ナショナルシ団方式**）で、証券会社と金融機関とで発行体ごとに引受シ団が組成され、残額が生じたらこれを引き受けます。発行条件については、政府保証債として一律に決められ、原則、10年国債の入札日の翌日に発行条件が正式決定されます。

　これに対して個別発行による方式もあり、これは競争入札により発行条件と主幹事証券を決定するものです。

市場公募地方債

全国型市場公募地方債を発行している自治体は以下のとおり（令和5年9月末現在）。共同発行市場公募地方債は、地方自治体が共同で発行し、発行額全額について連帯責任を負う。

●＝共同発行市場公募地方債発行団体

都道府県				市	
北海道	●	三重県	●	札幌市	●
岩手県	●	滋賀県		仙台市	●
宮城県	●	京都府	●	さいたま市	
秋田県	●	大阪府	●	千葉市	●
福島県	●	兵庫県	●	横浜市	
茨城県	●	奈良県	●	川崎市	●
栃木県		和歌山県		相模原市	
群馬県	●	鳥取県		新潟市	
埼玉県		島根県		静岡市	
千葉県	●	岡山県	●	浜松市	●
東京都		広島県		名古屋市	
神奈川県	●	徳島県	●	京都市	●
新潟県	●	高知県		大阪市	●
富山県		福岡県		堺市	
石川県	●	佐賀県		神戸市	●
福井県	●	長崎県		岡山市	
山梨県	●	熊本県	●	広島市	●
長野県	●	大分県	●	北九州市	
岐阜県	●	宮崎県		福岡市	●
静岡県	●	鹿児島県	●	熊本市	
愛知県	●				

出所：地方債協会ホームページ

4-6
社債の発行までの手続き

社債には公募債と私募債がありますが、ここでは債券市場を通して多数の投資家から資金を調達するために発行する公募債発行について、その発行までの過程をみていきましょう。

▶▶ 適債基準の撤廃

戦前からの社債発行は、金融恐慌が引き金となり社債デフォルトが続出したことに対応して、取引の安全性を図るため、無担保社債の発行が禁止され有担保取引の原則が市場ルールとして定着していました。さらに投資家保護の観点から純資産額や自己資本比率などの数値を基に**発行適格条件（適債基準）**が定められており、その条件を満たす会社にのみ発行が認められていました。

しかし、1987年7月に無担保債の適債基準に格付基準が導入され、さらに1988年11月には有担保債の適債基準に格付基準が導入されました。1990年11月の数値基準の撤廃により国内公募債の適債基準は格付基準に一本化され、1996年1月には適債基準そのものが完全に撤廃されたのです。

適債基準が撤廃されたことにより、株式会社であればどのような企業でも無担保での社債を発行することが可能となりました。2006年5月の新会社法の施行で、すべての会社が社債を発行できるようになりました。

しかし、投資家は社債の購入にあたって発行体の信用力を確認して投資する必要性が高まり、格付制度の重要性が増加しました。企業も社債の発行にあたっては、格付を取得するなど信用リスクを開示する必要があり、有価証券届出書などの作成が必要となります。

▶▶ 社債発行までの流れ

社債の発行体は、社債を引き受ける証券会社などとの契約も必要となります。そのためにはある程度の費用も必要なことから、現在でも主に一定規模の株式会社が社債を発行しています。

　公募債発行の際、社債を引き受ける証券会社には、社債発行が可能かどうか引受審査を行ない、利率や償還年限などの発行条件の決定、さらに投資家への募集を行なうといった仕事があります。通常、社債を発行する企業は、複数の**幹事証券会社**と契約します。そのうち中心的な役割を果たすのが**主幹事証券会社**になります。

　そして、社債を発行する際には、原則として「**社債管理者**」と契約しなければなりません。社債管理者は、社債発行後の社債の管理や社債権者保護の観点から、償還がなされなかった場合などに元利金支払に必要な裁判上・裁判外の手続きを行ないます。実際には、社債管理者が設置されているのは、個人投資家向けの社債で、機関投資家向けの社債の場合には、社債管理者が不設置となっていることが多く、発行体の代理人である財務代理人を設けられていることが一般的です。社債管理者や財務代理人の業務は、銀行や信託会社等が行なっています。

　総額1億円以上の株式や社債を発行する際、発行額や株の種類を事前に財務局に登録しておくという**発行登録制度**を利用した場合には、次ページのような公募債発行スケジュールとなっています。

▶▶ 発行登録制度による社債発行までの流れ

　発行登録制度を利用する場合には、発行登録の効力が発生するまでに、主幹事候補となる証券会社に対して引受審査資料を提出します。さらに格付けも予備段階で取得しておきます。

　募集開始日の約2週間前には、起債計画の概要を決定し、シ団会社、主幹事証券会社や社債管理者などの関係者を決定します。さらに社債要項に記載する発行条件などを仮決定します。その後、取締役会を開いて社債の発行決議を行ないます。

　募集開始日の2～3日前になると、最終的な発行条件（利率や発行価格）を決定するために、主幹事会社や引受シ団各社によって投資家への需要予測ヒアリングが実施されます。投資家からの需要を集計し、発行企業と主幹事会社などと交渉の上で最終的な発行条件が決定されます。発行条件が最終的に決定されるのは通常、募集当日になります。

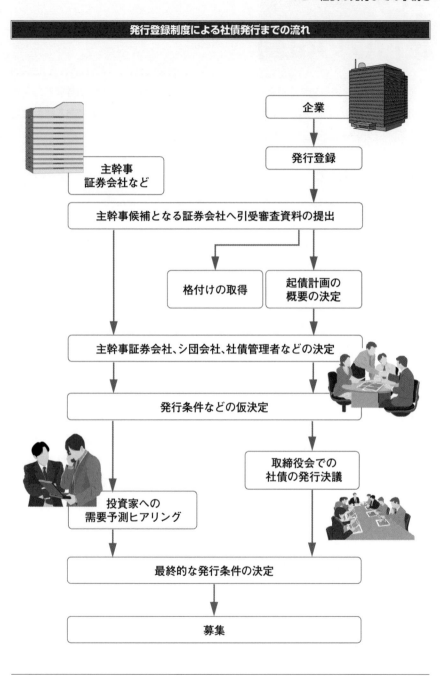

発行登録制度による社債発行までの流れ

企業

発行登録

主幹事
証券会社など

主幹事候補となる証券会社へ引受審査資料の提出

格付けの取得

起債計画の
概要の決定

主幹事証券会社、シ団会社、社債管理者などの決定

発行条件などの仮決定

取締役会での
社債の発行決議

投資家への
需要予測ヒアリング

最終的な発行条件の決定

募集

4-7
格付けの役割

　債券の信用度を測る道具のひとつに格付けがあります。格付けとは、債券などの元本や利息が、約定通りに支払われるかどうかの確実性を、専門的な第三者である格付会社が評価して段階的に表示したものです。

▶▶ 代表的な格付会社

　代表的な**格付会社**としては海外ではムーディーズ・インベスターズ・サービス、Ｓ＆Ｐグローバル・レーティング、フィッチ・レーティングスなどがあります。国内では格付投資情報センター（R＆I）、日本格付研究所（JCR）などがあります。

　たとえば、ある会社が債券を発行したいとき、格付会社に費用を払って格付けを取得します（**依頼格付け**）。もしこの格付けが高いと、その企業の安全性が高いことが認められたわけで、高い利子を付けなくても債券を発行できるようになります。

　日本では有担保の原則や社債のデフォルト時の受託会社による買取慣行の存在などによって、社債の発行が極めて安全性の高いものに制限されていたため、格付けはほとんど行なわれていませんでした。しかし1980年代に入り、社債の有担保原則の緩和に伴い、本格的に格付け制度が導入されたのです。

　債券の格付けには、企業などの発行体に対する格付けである「**発行体格付け**」と、個々の債券に対する格付けである「**個別格付け（債券格付け）**」があります。発行体格付けとは、発行体の債務全体に対する元利払いの確実性に対して付与されるものです。これに対して個別格付け（債券格付け）は、債券発行時にそれぞれ個別の債券の元利払いの確実性に対して付与されるものです。

▶▶ 格付けの種類としては

　長期債務に対する格付けとして**長期債務格付け**があります。長期とは、債務完了期日までの期間が1年以上の状態を示します。長期債務格付けがBBBないしはBaa以上の社債は「**投資適格債券**」「**高格付債**」と称するのに対し、BBないしはBa以下の社債は「**投資不適格債券**」「**ジャンク債**」などと呼ばれることがあります。

　コマーシャルペーパーなどの、1年未満に返済される債務に対して格付けをしたものを**短期債務格付け**と呼びます。

　また、依頼格付けに対して**勝手格付け**と呼ばれるものがあります。社債などを発行する企業などからの依頼ではなく、あくまでも格付会社が勝手に格付けを行なうことであり、**ソブリン格付け**と呼ばれる国債の格付けも勝手格付けです。これは債券のベンチマークが国債となっているため、その国の社債等の格付けを行なうには、ベンチマークそのものの格付けがまず基本となるためです。

　しかし、ギリシャを発端とした欧州の信用不安を加速させたものとして、格付会社による格下げも指摘されました。また、日本国債の格下げに対して日本の財務省が格付会社に対して意見書を提出するなど、ソブリン格付けそのものへの問題も指摘されています。

格付けの役割

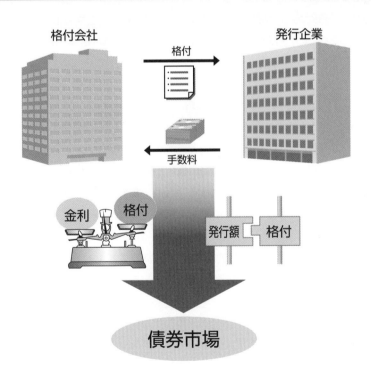

国債を売り買いする際に注文を出して約定してから、それを受け渡すまでに必要とされる期間を決済期間と呼んでいます。現在の国債の決済は、約定分から2営業日目（T+1）となっています。

▶▶ 特定日決済からローリング決済へ

国債の**決済**に関しては、2018年5月1日から「**T+1**」に短縮されました。つまり、売買約定日から起算して原則2営業日目の日に受け渡し・決済を行ないます。このT+1のTとは「Trade date」のことで証券の売買が成約された日、つまり約定日を意味します。慣行上、T+1は「ティ・プラスいち」、T+2は「ティ・プラスに」といった呼び方をしています。

国債など金融商品の決済期間の短縮は、未決済残高を減少させ、結果として決済リスクを削減するための有力な手段となります。たとえば急激な相場変動が起きた際にも、決済不履行などの事故が生じる決済リスクを軽減させられます。

▶▶ 日銀ネットを通じて行われる決済

国債の決済は、1988年に稼働した**日銀ネット**を通じて行なわれています。金融機関同士が行なう資金取引の決済や国債など証券取引の代金の決済や、民間決済システムの最終的な決済に、日銀の当座預金での振替が利用されています。日銀が金融機関との間で行なっているオペレーションや貸し出し、国庫金の受け払い、国債の発行・償還に伴う資金の受け払いなどについても、日銀の当座預金を介して決済が行なわれています。

日銀はこうした資金や国債の決済が安全かつ効率的に行なわれるようにするために、コンピュータ・ネットワークシステムを構築し、これが日銀ネットと呼ばれる**日銀金融ネットワークシステム**です。

▶▶ DVP決済とRTGS

1994年には証券と資金の振替が同時に行なわれる決済方式である**DVP決済***が導入されました。これは資金の受け払いと国債の受け渡しを相互に条件付け、一方が行なわれない限り他方も行なわれないという仕組みです。

2001年からは国債決済に**RTGS***（**即時グロス決済**）が導入されました。**システミック・リスク**（個別の金融機関の支払不能等や、特定の市場または決済システム等の機能不全が、他の金融機関や市場にもその影響がおよび連鎖的に決済不能を引き起こし金融システム全体の機能が失われてしまうリスク）に対応するため、日銀ネットを使った決済については、1日の決まった時間に多くの受け払いを、まとめて受払差額のみを決済する方式（**時点ネット決済**）から、個別に随時決済を行なうRTGS（即時グロス決済）という方式に一本化したのです。

RTGSによる決済では、1件ずつ即時に決済を行なうため、ある金融機関で決済不能が生じても、その影響を受けるのは取引相手の金融機関だけとなり、そこから連鎖的な決済不能といった事態は回避できます。

▶▶ 日本国債清算機関

2005年5月からは**日本国債清算機関**（JGBCC*）の業務が開始されました。日本国債清算機関は、国債市場の主要プレーヤである証券会社・銀行・短資会社等の共同出資により2003年10月に設立されたものです。

現物国債のほとんどが店頭で取引されており、約定から決済に過程は、約定から照合、そして清算、決済といった流れとなっているのですが、清算機関が創設される以前は、清算がないまま各当事者が相互に日銀ネット上で決済を行なっていました。しかし、清算機関が創設されたことにより、参加者同士の取引に関わる決済は、原則に日本国債清算機関に集約され、清算（ネッティング）を経て決済を行なうことが可能となったのです。

なお、日本国債清算機関は2013年10月に**日本証券クリアリング機構**と合併しており、国債の精算機関業務は同機構に引き継がれています。

---

* **DVP** Delivery Versus Payment の略。
* **RTGS** Real-Time Gross Settlement の略。
* **JGBCC** Japan Government Bond Clearing Corporation の略。

4-9
債券のペーパーレス化

....

現在の債券の発行は、証券と現金のやりとりは行なわず、債券は電子上で管理されて発行される形式となっているため、債券はペーパーレスとなっています。これにより現物の紛失リスクや保管のための費用が軽減されることとなりました。

▶▶ ペーパーレスの振替国債

債券の発行に関しては、現物の紛失リスクや保管のための費用など指摘され、そのペーパーレス化が求められてきました。ペーパーレス化により券面を印刷するなど余計な経費もかからず、取引に係る手間や時間が簡素化されます。また保管や運搬に係る費用等も削減され、紛失や盗難、偽造といったリスクも軽減されたのです。

2003年1月27日以降に発行された国債は「社債等の振替に関する法律」に基づいて発行されており、この法律に基づき発行される国債を「振替国債」と言います。この振替国債は券面が発行されない「ペーパーレス」の国債です。

2001年6月に「短期社債等の振替に関する法律」(電子CP法) が施行され、この法律によって発行されるCPは手形ではなく社債としての位置付けとなりました。2003年にはCPの振替制度も開始され、さらに2005年3月に印紙税の特別措置が撤廃されたことにより、CPの電子化が一気に進み、現在の発行はほとんどすべて電子CPとなっています。この電子CPは従来の手形CPと異なり、発行・流通・償還などの取引の全てがシステムの上で完結する取引となります。

▶▶ 一般債券振替制度

そして、2006年1月10日からは、一般債振替制度がスタートしたことにより、社債、地方債、政府関係機関債、円建外債などの権利の移転が完全ペーパーレス化されるという新しい決済制度が開始されています。

一般債振替制度では、一般債に関して新規発行から流通、償還に至るまでの管理すべてを電子的な情報処理により行なわれています。これによって振替国債同様に完全なペーパーレス化が実現し、発行コストの削減、事務処理負担の軽減が図られました。

これまでの社債登録制度も形式上はペーパーレスでしたが、保有者に発券請求権があるため、現物債の発行への対応が必要となっていました。

債券の"券"という言葉そのものも券面が意識されたものであり、国内で発行される債券のほとんどがペーパーレスとなってしまうと、債券という用語そのものもいずれ変わっていくのかもしれません。有価証券のペーパーレス化は債券に限らず、株式でも2009年1月から上場会社の株券が電子化されペーパーレス化されています。

有価証券のペーパーレス化は、その発行体、流通を取り持つ証券会社や取引所、そしてなんといっても投資家にとって便利なものとなっていますが、反面、電子ネットワーク上のセキュリティなどの問題も心配になるかもしれません。

しかし、金融の世界そのものはすでに取引上の電子化がかなり進んでおり、安全対策もしっかり講じられていますので、ペーパーレス化されても安全性については問題ありません。

国債の種類

種類		概要
確定利付		固定利付ともいう。発行時に利回りは確定している。
	国庫短期証券	略称はTDB。割引形式で発行される。
	中期国債	2年物、5年物の分類。
	長期国債	10年物の別称。
	超長期国債	20年物、30年物の分類。
	個人向け国債	固定3年、5年タイプ。
変動利付		市場金利などに連動して利回りが変動する。
	変動利付国債	15年物がある。
	個人向け国債	変動10年タイプ。
	物価連動国債	消費者物価指数に連動して元本が増減する。
新規国債		新規財源債で、政府サービスを遂行するために発行される。
	建設国債	公共事業を行なうために発行される。
	赤字国債	特例国債とも呼ばれ、歳入の不足分を補うために発行される。
借換債		60年償還ルールに基き、既発国債の償還のために発行される。
財投債		政府系金融機関など特殊会社に融資するために発行される。

4-10
利子の支払いと償還

　債券は利子の支払い方式の違いによって、利付債と割引債に分けられます。利子が半年に1回もしくは年1回といったように定期的に支払われる債券が利付債です。ここでは利付き債の利子の支払いの仕組みと償還についてみていきます。

▶▶ 利付債と割引債

　債券は利子の支払い方式の違いによって、**利付債**と**割引債**に分けられます。利子が半年に1回や年1回といったように定期的に支払われる債券が利付債です。

　これに対して債券には利子が支払われないものもあり、それが割引債です。割引債は額面金額より利子相当分が割り引いて発行され、額面金額で償還されます。割引債の発行価格とこの額面価格との差が、利付債の利子に相当します。利付債にある利子、つまりクーポンが付随しないことから**ゼロクーポン債**とも呼ばれます。ただし、現在の債券はペーパーレスの発行となっており、利付債についても券面そのものとともに利札と呼ばれたクーポンも現実には存在していません。券面が発行されていた当時の債券はその券面に**利札（クーポン）**がついていました。利付債という言葉もこの利札がついていた債券であることでそう呼ばれたのです。たとえば利付国債は半年に一回利子が支払われますが、10年の利付国債ならば、国債の券面に20枚のクーポンが付いていました。このクーポンにはミシン目が入っており、切り取ることができました。そしてこのクーポンと引き換えに利子が支払われる仕組みになっていたのです。

　ただし、国債の券面は現金と同じ取り扱いであり、紛失などの事故を防ぐために金融機関の保護預りが利用されることが多かったことから、保護預りをしている金融機関などが、代理として日銀の口座を通じて国債の利子を受け取り、国債の買い手はその金融機関の窓口で利子を受け取る仕組みとなっていました。ちなみに債券の利子が支払われる日のことを、利払い日と言います。

　債券の券面がペーパーレスとなった現在では、券面もなく利札などもありません。当初決められた利払い日には利札を持ち込むといった作業が必要なくなり、電子上のデータに基づいて利子が支払われる仕組みとなっています。

　そして利付国債に関しては、2001年3月からは発行日から初期利払日までの実際の期間にかかわらず常に「6か月分の初期利子」を支払うことになりました。これは新発国債が発行された当初からすぐに既発国債と銘柄を統合できるようにするために導入された仕組みです。**即時銘柄統合方式**と言われ、この方式の導入に伴い、新しく発行される国債を購入する際には「**経過利子相当分**」を支払う必要が出てきます。

　利付国債の利子は常に半年分が支払われる形式となっています。このため債券を購入した際に、購入日から利子が支払われる日までが半年より短い期間になった際には、購入時に受け取れない分の期間の利子を事前に支払っておく必要があり、それが経過利子と呼ばれるものです。ちょうど利払い日が受け渡し日にならない限りは同様の調整が常に必要となります。反対に債券を償還日前に途中で売却した際には、前回の利払い日からの経過利子が受け取れます。

　債券は償還日まで持てば額面で償還される仕組みとなっています。預金で言えば満期日と同様です。とはいえ債券は有価証券でもあるため、途中で売却することが可能です。ただし債券を途中で売却した際には、常に価格が変動することで、預貯金のように必ず額面金額でお金が戻ってくるわけではありません（個人向け国債を除く）。これは国債が市場で取引されており、価格が常に変動しているためです。

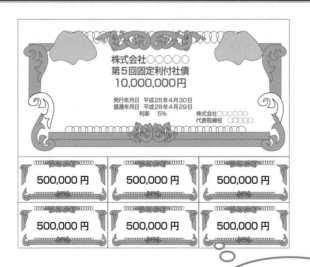

社債の券面のイメージ

株式会社○○○○○
第5回固定利付社債
10,000,000円

発行年月日　平成25年4月30日
償還年月日　平成28年4月29日
利率　5%　　　　　株式会社○○○○○
　　　　　　　　　　代表取締役 □□□□□

500,000円　500,000円　500,000円
500,000円　500,000円　500,000円

デジタル化されてこのような実物の券面を見ることはなくなった

第4章　債券の発行から償還まで

79

4-11
債券取引に関わる税金

債券の取引においても、利子や売買益に対して課税されるなど税金が絡んできます。債券の収益には利子収入に対しての税金と、満期償還時に生じる償還差益や債券を途中売却した際に売買益が発生した際の売買益に対する税金が掛かります。

▶▶ 大きく変わった債券の税制

2016年1月1日からは債券の税制*が大きく変わりました。まず、債券（公社債）が「特定公社債」と「一般公社債」に分類されます。

「特定公社債」とは、国債、地方債、2015年12月31日までに発行されている公社債（同族会社に該当する会社が発行した社債を除く）等です。つまり、2015年12月31日までに購入したものはほとんどが特定公社債に該当します。利子や譲渡益は税率20.315%の申告分離課税となり、上場株式等の配当等と同様、申告不要制度を選択できるようになりました。また、上場株式等の譲渡損失等との損益通算が可能になります。譲渡益については、非課税の対象から除外され、税率20.315%の申告分離課税になります。譲渡損失については、2016年1月1日からは特定公社債の利子や上場株式等の配当等や譲渡益との損益通算等が可能になります。

「一般公社債」とは、特定公社債以外の公社債で、特定公社債とは区分して課税されます。たとえば、譲渡益はどちらも税率20.315%の申告分離課税ですが、それぞれ別々に課税されますので、両者間で損益通算をすることはできません。

日本国内に恒久的施設を有しない非居住者または外国法人（適格外国証券投資信託及び外国年金信託の受託者を含みます。以下「非居住者等」と言います）が、国内の国債振替決済制度参加者（国債の口座管理機関となっている国内の金融機関・金融商品取引業者等）または適格外国仲介業者に開設した振替口座により保有している国債の利子等（振替国債の利子又は国庫短期証券・ストリップス債の償還差益）について、一定の要件を満たす場合には、所得税は課されません（財務省の「国債に関する非居住者等非課税制度の概要」より引用）。

---

*債券の税制　次のWebサイトを参考にした。「債券税制の見直し（金融所得課税の一体化）に伴う国債振替決済制度の変更点等について（http://www5.boj.or.jp/furiketsu/tuuchi/furi1307a.pdf）」、「国債に関する非居住者等非課税制度の概要（利子等非課税制度）（http://www.mof.go.jp/jgbs/topics/taxation28/4-1risihikazei.html）」。

　国庫短期証券は法人のみに保有が限定されており個人は保有できません。割引債の償還差益に対する発行時源泉徴収は行なわれませんが、国庫短期証券の保有はこれまで国内の国債振替決済制度参加者に開設した振替口座に限定されていました。現在は適格外国仲介業者に開設した振替口座により国庫短期証券を保有する場合にも、源泉徴収が免除されることとなりました。また、国内に恒久的施設を有しない外国法人については法人税も非課税となります。

債券取引に関わる税金

<2015年12月31日まで>

種類	利子	譲渡益	償還差益	上場株式等との損益通算
利付債（国債、地方債、外国債券等）	20.315%（源泉分離課税）	非課税	累進税率（総合課税）	×
割引債（国債、地方債、外国債券等）		非課税※1		
新株予約権付社債	20.315%（源泉分離課税）	20.315%（申告分離課税）		譲渡益同士の通算可※2

<2016年1月1日以後>

種類	利子	譲渡益	償還差益	上場株式等との損益通算
特定公社債（国債、地方債、外国債券等）	20.315%（源泉徴収※3）	20.315%（申告分離課税）		○

種類	利子	譲渡益	償還差益	上場株式等との損益通算
一般公社債（特定公社債以外の公社債）	20.315%（源泉分離課税）	20.315%（申告分離課税）		×

※1　外国割引債の中には総合課税とされているものがあります。
※2　上場新株予約権付社債の譲渡損益については、上場株式等の配当等との損益通算も可。
※3　申告不要制度を利用して源泉徴収だけで課税関係を終了するか、確定申告をして申告分離課税を選択することができます。

出所：SMBCフレンド証券ホームページ

日本国債のデフォルトはあり得ないのか

　日本国債に関しては危機的状況だという見方と、まったく問題はなく日本国債のデフォルトはあり得ないという極端な見方に分かれています。

　「日本国債のデフォルトはあり得ない」との根拠について、「日・米など先進国の自国通貨建て国債のデフォルトは考えられない」との財務省が外国格付け会社に宛てた意見書（2002年5月）の一文が引き合いに出されることがあります。

　財務省のムーディーズ宛の意見書には「近年自国通貨建て国債がデフォルトした新興市場国とは異なり」とあるように、自国通貨建ての国債でも過去にデフォルトしたケースはありえます。ただし、「国内金融政策の自由度ははるかに大きい。さらに、ハイパー・インフレの懸念はゼロに等しい」ともあるように、日本のような先進国がデフォルトを引き起こす懸念については、極めて低いことが指摘されています。さらに「通常の財政健全化策を疑問視する一方、金融市場を大混乱に陥れるような手段が採られると想定するのは非現実的」とあります。

　金融市場を大混乱に陥れるような手段が採られる懸念は低いと思いますが、ブラックスワンの存在のように皆無ではないはずです。現在でも日銀による国債引受を主張している国会議員が存在します。日銀が財政ファイナンスを行なっているとの認識が強まるだけで、日本国債に対して、海外からだけでなく国内投資家からもその信用を失う懸念があります。もちろんこの可能性もいまのところ極めて低いことも確かですが、政局次第で状況も変わりえます。

　政府の借金は膨大でも、その9割程度を国民が背負っているので国全体としての借金ではないから、問題はないとの考え方があります。ここにはいくつか問題点があります。まず「自国内で借金の貸し借りが成立している限りは」と条件を付けて、「日本国債のデフォルトはあり得ない」としている点です。このまま無限に国内資金で日本国債が賄えるわけではありません。いずれこれにも限界は来ましょう。しかし、巨額の新規国債の発行は今後も続く予想となっています。自国内で国債の消化が難しくなった際にはどのように考えるのかは示されていません。

「家庭内でお金の貸し借りをしているだけなので、さほど深刻な状況ではない」と本当に言い切れるのかも疑問です。何かしらの要因で日本国債への信認が低下し、日本国債が売り込まれる可能性は皆無ではありません。期間リスクが意識され長期債や超長期債を売り、その資金が短期市場に向かうだけでも、長期金利は跳ね上がる懸念は存在します。特に日本では長期間にわたり超低金利が継続し、その間に政府債務が積み上がっているだけに、ちょっとした長期金利の上昇でも、その影響が大きくなります。

　日本国債はそう簡単にデフォルトするものではないことは確かですし、そのような懸念も起こしてはいけないものでもあります。国内でそのほとんどを消化できていることも大きな利点であることは間違いないでしょう。日本国債には引き続き買い手も存在していますし、海外からの投資も継続しています。需給面では当面問題はありません。

　しかし、だからといってまったく安心であり、今後も巨額の国債を発行し続けても何ら問題はないと決めつけてしまうことにはリスクもあります。だからこそ財政健全化に向けた動きは今後も必要になってくるはずなのです。

MEMO

第**5**章

債券市場の仕組み

債券は市場などで売買される有価証券ですが、株式などとは違って価格ではなく利回りで売買されています。どうして債券は利回りで売買されているのでしょうか、そもそも債券はいったいどこで売買されているのでしょうか。

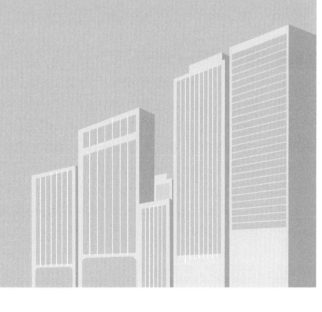

5-1
債券はなぜ売買されるのか

債券は株式などと同様に有価証券です。このため預貯金などと違って市場で売り買いすることが可能です。銀行や生命保険会社など巨額の資金を運用している機関投資家は債券も保有しており、市場で証券会社などと売買しているのです。

▶▶ 運用益を上げるための債券売買

債券は何故、売買されるのでしょうか。もちろん債券を償還まで保有する場合もあります。特に個人投資家は満期まで保有する人も多いようです。しかし、個人の場合でも途中でお金が必要になった際に、債券を途中売却することもありますが、機関投資家も途中で債券を売却し、違う債券に乗り換えることなどを頻繁に行なっています。

債券は株式などと同様に**有価証券**です。つまり市場で売買することができます。機関投資家は、保有する有価証券をいつでも、実勢価格に応じて売却が可能であるという利点を意識して有価証券を購入しています。そのための市場も整備されてきているのです。

債券の歴史をみてみると、1985年に銀行のフルディーリングが認可されるまでは、銀行は自由に引き受けた国債を売却することができませんでした。しかし、国債の発行量の増加とともに市場が整備されてきたことで、1985年以降は自由に売買が可能となり、日本の債券市場での売買も増加してきたのです。

▶▶ 債券市場でのプレイヤー

債券市場で最も大きな存在は国債などを大量に保有しているメガバンクなどを中心とした銀行です。預金などで預かった資金の一部を国債などの債券で運用しています。銀行の債券運用は資産負債のリスク管理（ALM*）を行なうため、通常は5年以内の債券に投資するのが一般的*となっています。債券で運用するにはある程度の保有銘柄の入れ替えも必要となります。メガバンクやゆうちょ銀行などは保有資金が巨額となるため、ちょっとした保有ポジションの入れ替えだけでも市場へのインパクトは大きいものとなります。また、地銀などの地方の金融機関も積極的に市場で売買を行なっています。

＊ **ALM**　　Asset Liability Management の略。
＊**一般的…**　日銀のマイナス金利政策で、このあたりの動向にやや変化が生じている。

　生命保険会社や損害保険会社はその資金の性格上、主に超長期債などを中心に比較的期間の長い債券を購入しています。一方、年金資金の運用者は主に市場インデックスに応じた債券運用をしているため、平均するとそれほど長期の債券を保有してはいません。このインデックスに応じて調整を行なうための売買なども行なわれています。

　海外投資家は保有している現物債券の額は比較的小さいものの、それに対して債券の売買高は比較的多く、短期的な売買などを頻繁に行なっています。特に債券先物などのデリバティブ商品に関しては、海外投資家はかなり頻繁に売買を行なっています。

　債券先物などは海外の**CTA***と呼ばれる投資家が頻繁に売買し、このような海外投資家の動きが債券相場全般に影響を与えることも多くなっています。CTAとは直訳すれば商品取引アドバイザーとなりますが、**商品投資顧問業者**と呼ばれています。先物やオプション取引の専門家で、運用のアドバイスや一任勘定での資産運用を業務とし、その多くは独自のプログラムに基づいて運用を行なっています。

　債券の円滑な取引を進める上で重要となるのが、業者と呼ばれる証券会社や金融機関のディーラー機能です。ディーラー業務とは証券会社や金融機関が、自己の資金で、自己の利益のために、有価証券（株式や債券）を売買する業務のことです。債券ディーラーは顧客である投資家との売買を円滑に行なうために、一定の在庫を保有し、投資家の売りに対しては自己勘定で買い向かい、投資家の買いについては自己の保有在庫などで対応する必要があります。

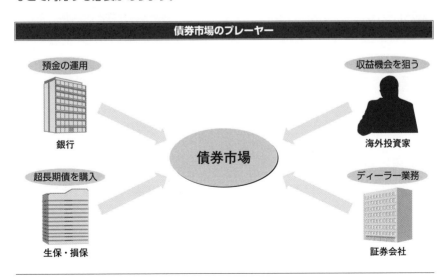

債券市場のプレーヤー

預金の運用　銀行

超長期債を購入　生保・損保

債券市場

収益機会を狙う　海外投資家

ディーラー業務　証券会社

---

* **CTA**　Commodity Trading Advisor の略。

第5章　債券市場の仕組み

5-2
債券の売買市場

債券は市場で取引されていますが、具体的な市場があるわけではありません。債券の取引は株式の取引のように取引所を中心に売買されているわけではなく、店頭取引が主体となっているのです。

▶▶ 店頭取引が中心

　債券の中心となっている国債は、財務省による入札で発行されています。この入札に参加しているのが**国債市場特別参加者**を中心とした証券会社や銀行などです。国債市場特別参加者は米国の**プライマリー・ディーラー**です。プライマリー・マーケットが発行市場を示します。プライマリーに対してセカンダリーという表現があります。セカンダリー・マーケットが債券を売買する流通市場もしくは債券市場です。新たに発行される債券は「**新発債**」、すでに発行された債券は「**既発債**」と呼んでいます。

　国債は原則として発行日から証券取引所に上場されていますが、証券取引所における売買は株式などに比べれば極端に少ないのです。国債は証券取引所に上場されて売り買いされるよりも、業者と言われる銀行や証券会社と機関投資家の間で、もしくは業者と業者の間で売買されています。この直接取引は、取引所取引と区別するため**店頭取引**（OTC＊）とも呼ばれています。店頭と言っても証券会社などの店頭で売買が行なわれるということではなく、主にインターネットや電話などを介して金融機関同士で直接取引を行なっています。

　なぜ、債券市場では、店頭取引が主体になっているのでしょうか。それは、債券の銘柄数が多いものの各銘柄間に金利裁定が働くため、同じ方向に動くことが多く、個別銘柄毎に競争売買を行なう取引所売買になじまないためと言われています。

▶▶ 日本相互証券の役割

　債券は店頭取引が主流となっていますが、個別の店頭取引の状況は第三者にはわかりません。また現物を売買するにあたって、業者や投資家も何かしら相場の居所を目安にするものが必要になります。

＊**OTC** Over The Couter の略。

　そのため市場参加者が注視しているのが、証券会社間の債券売買を仲介することを目的として1973年7月に設立された**日本相互証券***での売買状況です。業者の債券のディーリングルームには、日本相互証券の端末を設置しています。この端末を通じて、顧客との売買を行なうための国債の手当てやポジション調整の売買を行なっているのです。日本相互証券の端末を見れば、国債を主体とした債券の売買状況を確認することができます。

　現物債の中でも直近に入札されたものは比較的売買されることが多く、**カレント物**と呼ばれています。2年国債、5年国債、10年国債、20年国債、30年国債、40年国債のカレント物の日本相互証券での利回りの推移が注目されています。また、ニュースなどで長期金利と呼ばれているのは10年国債のカレント物の流通利回りであり、日本相互証券で付けたカレント物の10年国債の利回りが長期金利と呼ばれます。

　さらに債券相場の居所を探るためには、大阪取引所に上場されている**債券先物**の値動きも重要です。債券先物は、日本相互証券でのカレント物の国債取引と異なって、取引時間中はおおむね常に値動きがあるため、債券相場の動向を探るために市場参加者はその値動きを追っています。

第5章 債券市場の仕組み

国債に係る入札参加者一覧

（令和5年1月4日現在）

区分	参加者数	区分	参加者数
都市銀行	5	農林中央金庫	1
地方銀行	61	特殊法人	1
在日外国銀行	18	証券会社	45
信託銀行	9	在日外国証券会社	1
第二地方銀行	37	生命保険会社	5
その他銀行	5	損害保険会社	0
信用金庫	30	短資会社	3
信用組合	1	証券金融会社	1
労働金庫	1	**合計**	224

出所：財務省ホームページ

***日本相互証券**　証券会社の債券売買を仲介することを目的として、多くの証券会社の共同出資によって設立された。

5-3
債券は利回りで売買する

債券の特徴のひとつとして、売買するときに価格ではなく利回りが行なわれることが多いことが挙げられます。債券は利率や残存期間に応じて価格が変化することで、割高割安を比較する際には利回りを使う方が便利なためなのです。

▶▶ 利回りで比較する

債券の売買は主に価格ではなく利回りで行なわれています。債券は利率や残存期間によって価格が異なることで、割安割高を比較するには「**利回り**」を使うと便利なためです。金利が低下すると債券の価格は上昇し、金利が上昇すると価格は低下します。

債券の「利率」とは額面金額に対して、毎年受け取る利子の割合を示し、債券の発行時に決められています。債券は国債などを中心に半年毎に利子が支払われる仕組みとなっているものが多くなっています。

これに対して「利回り」と呼ばれるものがあります。「利回り」はその債券がもたらす年間当たりの収益のことを示します。債券の価格（時価）と償還額面金額の差額を、残存年数で割ることによって算出される年あたりの差損益に、利子を加えて、年あたりの収益性を示しているのが「利回り」です。

債券の利回りは残存期間に応じて異なります。通常、短い期間の金利が低く、長い期間の金利が高いことが多いのですが、実際には反対になるケースもあります。

残存1年未満の債券の金利から、日本の国債でもっとも長い期間の40年国債の利回りまで、残存年数の異なる金利（複利）を線で結んでグラフにしたものが**イールドカーブ***（**利回り曲線**）となります。

このイールドカーブは右肩上がり（**順イールド**）となっていたり、平ら（**フラット**）であったり、場合によっては右肩下がり（**逆イールド**）であったりするのです。そのときの経済や物価の動向などによって、本来であればこのカーブの形状が変化してくるのです（イールドカーブ・コントロール下にある際にはこれを日銀が決めている）。金利全体の上げ下げも経済や物価などの動向に応じて変化するうえ、短い期間の金利と長い期間の金利との差も状況に応じて変化するなど、金利の世界もなかなか複雑なはずなのですが、これを日銀が決めてしまっているのです。

***イールドカーブ**　一般的に、金利の上昇局面では先高観から順イールドになり、低下局面では先安観から逆イールドになる。需給などの影響もあり、必ずしもそうはならないケースもみられる。

▶▶ 残存期間と価格変動の関係

　国債などの債券は、償還まで持てば額面で償還されますが、途中で売却する場合には債券市場の状況によって売却金額が異なってきます。さらに残存期間によって、利回りの居所が違ってくることにも気を付けなければいけません。売却時は当然ながら買い付けの際よりも残存期間が短くなってきており、10年の国債を買っても5年経過したならば残存10年の国債の利回りではなく残存5年の国債の利回りを基準にみなければなりません。国債などの債券を売買する際には、この残存期間に応じた利回りがどの程度の水準にいるかによって利回りが見出され価格が決定されるのです。

　残存期間の長い国債ほど、同じ利回り幅の変化に対して価格が大きく変動する性質を持っていることにも注意が必要です。このため長期金利が上昇すると予想している場合には、なるべく価格変動の小さい短い期間の国債を買っておく必要があり、反対に利回りが低下すると予想している場合には、長期のものを買っておけば、値上がり益も大きくなります。

　金利が動くと債券価格が期間に応じて変化することがある程度理解できたと思いますが、個人向け国債は中途換金の際には国が額面で買い取ってくれるため、債券の価格変動リスクはありません。

第5章　債券市場の仕組み

イールドカーブのイメージ

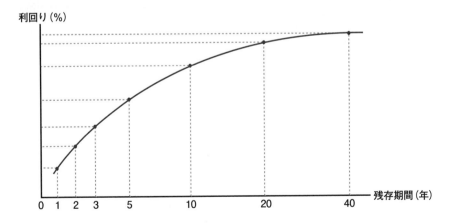

5-4
店頭取引と取引所取引

債券の現物債は店頭取引と呼ばれ相対で取引が行なわれていますが、債券先物は上場株式などと同様に取引所で売買が行なわれています。債券の取引がどのようなものなのでしょうか、ここでは債券先物の取引を参考にみてみましょう。

▶▶ 債券価格も市場で決まる

生鮮市場というシステムがあることで生鮮食料品などの価格が決定されているように、株式や債券の価格も市場によって決められています。この価格形成が円滑になされるために、いろいろと創意工夫がなされ、また規則などもしっかり定められています。

債券市場は外国為替市場同様に、取引所取引ではなく、**店頭取引** (OTC) が主体となっています。店頭取引とは、電話やネットを介して、投資家と業者と呼ばれる証券会社や銀行などが直接取引を行なうことです。

債券の店頭取引は、日本証券業協会の規則に従って行なわれている取引です。投資家と証券会社が相対売買を行なう取引は、**仕切売買**とも呼ばれます。また投資家同士の売買を仲介する媒介と呼ばれる形式で行なわれるケースもあります。

株式市場での価格形成には売り方と買い方が取引所という場所に集まり、お互いに値をせり合って一致した売値と買値について取引を成立させるという**個別競争売買**という方法が使われています。これはセリといった表現もありますが、売り手買い手どちらも複数存在し、互いに競争しながら売買する形式のものです。債券でも先物取引は取引所で売買が行なわれています。取引所取引とは、どのような取引なのでしょうか。

▶▶ 取引所での価格の形成

取引所での価格の形成を見てみると、たくさんある売りの指値のうち、最も低い値段の「売り呼び値」と、数多くの買い指値値のうち最も高い値段の「買い呼び値」とが、値段的に合致する時、その値段が約定値段となります。

　ただし、競争売買によって成立する売買約定には一定のルールがあります。たとえば買いの指し値注文であれば、高い値段が優先され、また売買注文を出した時間が早かったものから順に売買が成立されます。前者を「**価格優先の原則**」、後者を「**時間優先の原則**」と言います。これは株式の取引所取引における重要な原則となっており、債券の取引所取引でも例外ではありません。

　ザラ場方式とは、この価格優先、時間優先といった約束事に沿って、対当する数量で、売買取引を成立させる方法が一般的です。寄付や引けの価格形成は別な方式となっています。ちなみに寄付は当日最初の売買、引けは当日最後の売買のことで、ザラ場とは寄付と引けの間の売買のことです。

　現在、取引所での取引は、債券先物取引を含めて上記の方式によってコンピューターを使ったシステムを介在して行なわれています。売買注文の発注、注文の受注、注文の付合せおよび約定通知などのすべての処理がコンピューターを通じて行なわれるようになっていきました。

　債券先物取引は日本でも最も早くコンピューター化された金融取引と言えますが、現物の取引においてもそうした取引が行なわれています。現物の店頭取引では電話を使って行われる取引に加え、コンピューターを介して機関投資家と証券会社などが直接取引するケースも多いようです。

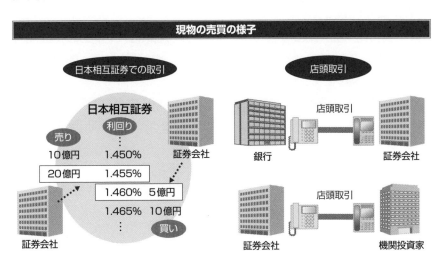

現物の売買の様子

5-5
債券の店頭取引のルール

債券の取引にも一定のルールがあります。先物は取引所で決めたルールがありますが、現物債の店頭取引については日本証券業協会がそのルールを決めており、証券会社などの協会員は顧客との間でこのルール等を守って現物債の取引をしなければいけません。

▶▶ 日本証券業協会による規則

債券の店頭取引においては、売買対象となる銘柄は市場性のある債券すべてが該当し、また取引形態についても相対取引であるため、かなり弾力的なものとなります。取引時間も特に制限は設けられていません。ただし、そこには一定のルールが存在します。

日本証券業協会（JSDA＊）は、「公社債の店頭売買の参考値等の発表及び売買値段に関する規則」というのを設けています。これは協会が行なう公社債の店頭売買の参考となる利回り等の発表、協会員と顧客との間の公社債店頭取引の公正性の確保、公社債の異常な取引の禁止、約定処理の管理等について必要な事項を定め、公社債の店頭売買その他の取引を公正かつ円滑ならしめ、もって投資者の保護に資することなどが目的となっています。

証券会社などの協会員は、顧客との間で、公社債の店頭売買その他の取引を行なうにあたっては、この規則によるほか、金融商品取引法、その他関係法令、諸規則を遵守しなければならないとあります。

日本証券業協会は、協会員が顧客との間において行なう公社債の店頭売買の際に協会員及び顧客の参考に資するため、協会が指定する協会員からの報告に基づき売買参考統計値を公表しています。

そして、協会員は、顧客との間で公社債の店頭売買を行なうにあたっては、合理的な方法で算出された時価を基準として適正な価格により取引を行ない、その取引の公正性を確保しなければならないとあります。

＊**JSDA**　Japan Securities Dealers Association の略。

▶▶ 国債の基準値

　国債を売買するにあたっての基準値は日本証券業協会が発表しているもの以外に、日本相互証券が発表しているものがあります。また、プライマリー・ディーラーなどはそれぞれ独自の基準値を出しています。

　この基準値とはどのように決定されているのでしょうか。債券の売買は店頭で行なわれている以上、個々の売買がどのレートで行なわれているのかはわかりません。このため、日本証券業協会や日本相互証券は業者に聞き取り調査をすることでその気配を掴んでいます。そしてその15時現在の利回りや価格に基づいて、国債のポジションを抱えている金融機関は保有評価額を算出するのです。

日本証券業協会の主な目的・事業

（目的）

(1) 協会員の行う有価証券の売買その他の取引等を公正かつ円滑ならしめ、もって投資者の保護に資すること。

(2) 我が国経済の成長・発展に貢献するため、証券市場の活性化に向けた諸施策を推進すること。

（事業）

(1) 自主規制ルールの制定・実施

(2) 資格試験・資格更新研修の実施及び証券外務員の登録

(3) 証券取引の苦情・相談、あっせん

(4) 証券市場に関する調査研究及び意見表明

(5) 証券知識の普及・啓発

出所：金融庁ホームページ

第5章　債券市場の仕組み

▶▶ 売買をする際の目安

　それでは、業者はどのようにその日の売買の際のレートを決定しているのでしょうか。まず参考にするのは、前営業日の基準値となります。前営業日から当日の朝にかけて、海外市場動向などを元におおよその相場の居所を探ります。そして、債券先物の寄り付きの位置などをみて、ある程度の相場の強弱を探るとともに、当日の国債入札といったイベントなども意識し、投資家の需要などを元にしてイールドカーブの状況を推測します。それに基づいて、前日の基準値からどの程度利回りが乖離しているのかを探ることとなります。

　その上で、ディーラーなりの相場観に基づいて投資家との売買を行ないます。そして、投資家の売買により生じたポジションの調整などのため、日本相互証券などで売り買いを行ないます。日本相互証券の端末は多くの証券会社や銀行にあり、そこで出合った利回りは外部から見ることができ、それが参考になります。日本相互証券ではカレント物と呼ばれる直近入札された2年、5年、10年、20年、30年、40年債の売買が頻繁に行なわれることで、その水準も参考にして投資家との売買を行なうことになるのです。

　そして、債券相場のおおよその変化は債券先物の動きが参考になります。取引時間中であれば、現物債に比べて価格が頻繁に動くことで、その動向をチェックすることにより、相場の流れを掴みやすくなり、現物債の売買の参考にされるのです。

国債先物・国債先物オプション・金利先物

＜対象商品＞
中期国債先物、長期国債先物、超長期国債先物（ミニ）、長期国債先物（現金決済型ミニ）、長期国債先物オプション、TONA3か月金利先物

午前立会	オープニング・オークション	8:45
	レギュラー・セッション（ザラバ）	8:45〜11:00
	クロージング・オークション	11:02
午後立会	オープニング・オークション	12:30
	レギュラー・セッション（ザラバ）	12:30〜15:00
	クロージング・オークション	15:02
ナイト・セッション	オープニング・オークション	15:30
	レギュラー・セッション（ザラバ）	15:30〜5:55
	クロージング・オークション	6:00

5-6
債券の評価

私たちが債券市場の動向を知る手段について、何をどのように調べたら良いのか、そもそも債券の価値はどのように決められているのか、市場関係者以外の人にはわかりづらいかと思います。債券の評価や価値を調べる方法について見てみましょう。

▶▶ 債券売買の実際

債券の価格をどのようにして調べたらよいのかを、国債について見てみましょう。債券市場の中で最も頻繁に取引されているのが国債です。ただし国債と言っても、すべての国債が毎日売買されているわけではありません。

残存期間2年以上の国債の中で、頻繁に売買されているのが直近に入札された2年、5年、10年、20年、30年、40年償還の国債です。これらの国債が売買される利回り水準や債券先物の価格などを元にして、他の国債を売買する際の価格を算出します。

値がついた国債から利回り曲線が描き出され、その複利ベースの利回りを元にして、残存期間が異なる国債の利回りの居所を探ります。

わかりやすいように、もう少し具体的な事例で説明してみましょう。金融機関のディーリングルームでは、セールス部門と呼ばれる顧客との取引を行なうセクションと、**トレーディング**もしくは**ディーリング**と呼ばれる自己の資金で売買を行なうセクションに分かれています。

たとえばある証券会社で、顧客のひとつである生命保険会社から、残存15年あたりの国債を買いたいとセールス部門に電話があったとします。それを証券会社の担当セールスは、ディーリングセクションの担当者に「引き合い」を出します。つまり20年国債で残存15年程度の国債を200億円買いたいので、その証券会社の「売りのレート」を出してほしいと依頼します。

その際にディーリングセクションの担当者は、現物債や債券先物などの取引されている時間中であればそれらの価格動向を元にして、イールドカーブ上からおおよその利回り水準の居所を探ります。さらにもし手持ちがあればその在庫を売れば良いのですが、ない場合にはそれを手当てする必要もあり、その銘柄の国債の人気度や市場での流動性なども含めて、売りのレートを模索してセールスに伝えるのです。

▶▶ 債券の評価とは

債券先物の当日の売買が終了する15時を基準に、大手の証券会社は国債の銘柄別の利回りとそれに基づく価格を算出します。それを日本証券業協会や日本相互証券が取りまとめて、国債の評価の基準となる数字を出しています。

国債の評価という意味では、この日本証券業協会や日本相互証券のデータを基準にすることができます。ただしあくまでこれは評価であり、債券を売却する際には、その金額などによって利回り水準が変化します。債券の通常の取引が億円を超えるものが多いことで、数百万円単位の取引とは居所が多少変わってくることにも注意が必要です。

国債以外の国内の債券の場合は、同年限の国債の利回りをベースにして、その債券の発行体の信用リスクなどに応じて、金利が上乗せされます。この上乗せされる金利も流動的であり、社債などの取引はこの上乗せ金利部分を元にして行なっているぐらいなのです。つまり国債以外の債券では、残存期間、利率、発行体の信用リスク、売買金額によっても変化するのです。

5-7
債券の現先取引

債券現先取引とは一定期間後に一定価格での反対売買を約束して行なう債券の購入（売却）取引です。債券現先取引は形式上、債券売買となりますが、実質的には債券を担保とする短期の資金貸借取引となります。

▶▶ 現先取引とは

債券現先取引とは、一定期間後に一定価格での反対売買を約束して行なう債券の購入（売却）取引です。債券現先取引は形式上は債券売買となりますが、実質的には債券を担保とする短期の**資金貸借取引**となっています。

債券現先市場は、証券会社の資金調達手段としてオープン市場で最初に発達した取引です。証券会社は手持ちの債券を元にして、売り現先を行なうことで資金を調達するようになり、この動きが広まったことによって、現先市場が自然発生的に形成されました。

現先取引には**自己現先**と**委託現先**とがあり、証券会社などの債券ディーラーが資金調達のために保有している債券を、買戻し条件付きで売却するものを自己現先と呼んでいます。これに対して、債券ディーラー以外の売り手が債券ディーラーを通じて売り現先を行なうことを委託現先と呼んでいます。

自然発生した現先ですが、その規模が拡大すると1974年に当時の大蔵省（現在の財務省）は自主ルールを導入させました。その後、一時CD＊や大口定期預金などの競合商品が出てきたことで縮小気味となっていた現先規模は、TBの発行やFB＊の公募入札の開始、さらに1999年3月の有価証券取引税の撤廃などから再び規模を拡大してきました。

このため、2001年には現先制度の改革が行なわれました。国債が大量に発行されており国際化も進んでいたにもかかわらず、国債を利用しての資金調達手段として、それまでの債券現先のルールはグローバルスタンダードに即したものではなく、非居住者の市場参加も限られていました。さらにバブル崩壊後の金融システム不安などの台頭があり、リスクに対しての認識にも変化がみられていたことで、債券現先にも抜本的な見直しが図られました。

＊ **CD** Certificate of Deposit の略。譲渡性預金のこと。
＊ **FB** Finacial Bills の略。政府短期証券のこと。

▶▶ グローバルスタンダードに準拠

　この改正に伴い、現先の定義が「売買の目的たる債券等と同種・同量の債券等を将来の所定期日に所定の金額で買い戻すこと又は売り戻すことを内容とする特約付の債券等の売買を言う」となりました。

　従来の現先取引からの改正の主要な点は、**ヘアカット率**（売買金額算出比率）の適用、**マージンコール**（担保の管理）および**リプライシング**（再評価取引）などのリスク・コントロール条項の適用が図られたことです。

　ヘアカット率とは、約定時点における実勢価格とスタートの時に用いられるスタート売買価格との間に、リスクを担保するため一定の乖離幅を設けることです。マージンコールおよびリプライシングは、スタートの受渡日以降、エンド受渡日までの契約期間中において、担保の値洗いにより発生した与信額を調整するための手段です。

　また、一括清算条項が導入されたことにより、取引安全性の向上も図られています。さらに、**サブスティテューション**（取引対象債券などの差し替え）の適用による取引利便性の向上が図られました。海外レポ取引と同様の手法である利含み現先方式が導入され、個別一括清算条項の新設、個別取引契約書の廃止なども実施され、また1年間という期間の制限も撤廃されました。これらの改正により、債券現先においてもグローバルスタンダードを前提とした取引が可能となったのです。

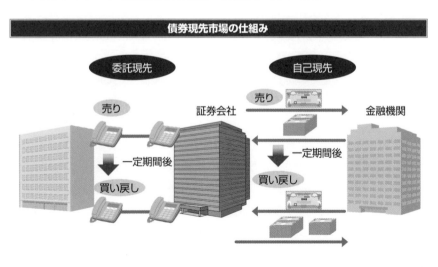

債券現先市場の仕組み

委託現先　　　　　　　　　　　　自己現先

売り　　　　　証券会社　　　売り　　　　　　金融機関

一定期間後　　　　　　　一定期間後

買い戻し　　　　　　　　買い戻し

5-8
債券のレポ市場

> 債券のレポ取引は、債券を売買する際の「空売り」をするために生まれてきたのですが、現金を担保とする債券貸借取引であり、国債等の債券を実質的な担保とする資金取引となっています。

▶▶ レポとは

債券現先が証券会社の資金調達を目的として発展してきたのに対して、やはり債券の貸し借りとなっている**債券レポ取引**（**債券貸借取引**）は、債券を売買する際の「**空売り**」をするために生まれてきました。

債券貸借にかかる現金担保への付利制限の廃止（1996年1月）を受けて、1996年4月に現金担保付き債券貸借市場（レポ市場）が発足しました。

現金担保付債券貸借取引（債券レポ取引）は、その名の通りに現金を担保とする債券貸借取引で、貸借期間終了後には、貸出の対象銘柄と同種・同量の債券を返済する債券の消費貸借取引です。債券の貸出（借入）に際して、その債券の担保として現金を徴求する（差し入れる）取引ともなります。

このため、債券の借り手は借り入れた債券に対しての貸借料を支払う一方、債券の貸し手は受け取る現金担保についての利子を支払います。この債券貸借料と担保金利息の差額が取引の利益（もしくは費用）となるのです。

債券貸借料率と担保金利息率（付利金利）との差は**レポレート**と呼ばれ、レポ取引における取引条件は通常このレポレートで示されます。通常、債券を貸し出すことで現金を調達することを「**レポ**」と呼び、債券を調達することで資金運用をすることを「**リバース・レポ**」と呼んでいます。

▶▶ 日本版レポ取引

日本版レポ取引は米国の同様の取引がモデルとなっています。米国のレポ取引は売買取引であり、金融市場として機能しているという点で現先取引と同じです。

ちなみに、「Repo」という名前は、「Repurchase / Resell Agreement」の略とされています。買い戻しもしくは売り戻しをするという条件付きの売買契約となり、「レ

ポ」とは本来は売買取引を表す語なのです。しかし、日本のレポ取引つまり現金担保付債券貸借取引は、現金担保を付した債券貸借取引であり売買取引ではありません。これは市場創設にあたって、欧米のレポ取引と同様の経済効果を持つ取引の導入が企図されたものの、債券の売買と構成すれば有価証券取引税などが障害となるため、現金担保付債券貸借というかたちを取らざるを得なかったという経緯があったのです。

　このように現金担保付債券貸借取引は、国債等の債券を実質的な担保とする資金取引となります。

　さらに値洗いや、一括清算といったリスク管理面も強化された取引となっています。債券の時価の変動による担保金額の過不足は、日々値洗いによって調整されます。またレポの取引相手が債務不履行に陥った場合、レポ取引にかかる債権債務を全て合計し相殺することができ、これが一括清算と呼ばれているものです。

　レポ取引を通じての日銀のオペレーション＊も実施されています。また、新たなレポ指標レートとして日本証券業協会から**東京レポレート**が公表されています。

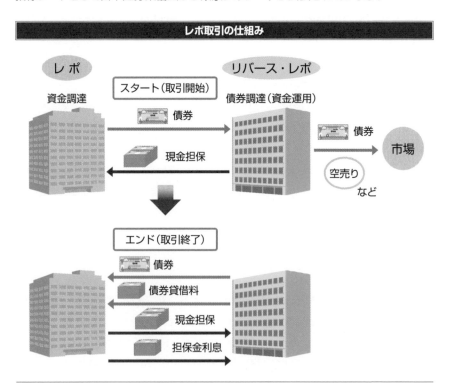

レポ取引の仕組み

＊**オペレーション**　1997年に起こった金融不安の際、金融機関の資金繰りの悪化が懸念され、多額の資金供給を行なうために、当時、新たな短期金融市場として成長していたレポ市場をオペの対象に加えた。

第**6**章

金利の先行きを読む方法

債券投資を行なうにあたってはいまの金利の状況と今後の
金利の先行きを読むことが重要です。ただし、日銀が2016
年9月に長短金利操作を導入したこともあり、金利の世界も
一変し、先行きが読みづらくなったことも確かです。

6-1
金利の予想と債券運用

債券市場の先行きを読むために必要なのは、株式市場や外為市場などと同様に相場観となります。そのためには債券の基礎的な知識とともに、金利を読むためのある程度の経験が必要です。

▶▶ 個人の場合の債券投資

債券を購入するタイミングとしては、これから金利が上昇するであろうと予想している際には、なるべく期間の短い債券を購入し、ある程度金利が上昇してから長期債に乗り換えるか、固定利付ではなく変動利付の債券を選択するという方法があります。

反対に今後、金利が低下するであろうと予想している際には、なるべく利回りが高いうちに長期の固定利付のものを購入することが望ましいと考えられます。

しかし、債券を購入するということは手元の資金を運用するということであり、その資金の性質によりどの程度の期間運用するのかは異なりますので、そのあたりの兼ね合いも難しいところです。

今後の金利の動向予測は株価の上げ下げや、ドル円相場を予想するのと同様にたいへん難しいものです。だからこそ銀行や証券会社、生命保険会社や年金、さらに投資信託などの運用セクションには債券を専門に売買する担当者が存在します。債券市場に特化したストラテジストやアナリストという専門家もおり、今後の相場動向を予想したり、現在の相場について分析などを行なっています。

債券売買手法は個人投資家と金融機関の資金運用担当者では異なります。個人投資家はあくまで資金を一定期間、債券で運用することが目的であり、償還期日まで保有するというのが前提となります。

このため、個人の投資家はあくまでどの程度の期間資金を置いておけるのかということをまず考えておく必要があります。さらに期間よりも金利の先行きの見方を前提にして、個人向け国債の固定タイプか変動タイプを選択するという選択肢もあります。また金利の水準利率もその時々で変化することで、金利の水準の動向も常にチェックしておく必要があります。あまり低い金利の際は、少し様子を見ることも大事です。

▶▶ 金融機関の場合の債券投資

　これに対して金融機関の債券部門にいる運用の専門家などは、できるだけ損失を少なくし可能な限り利益をあげることが優先されます。このため長期の運用を前提にしている生保や年金でも、頻繁に債券を入れ替える売買を行なうことがあります。ただし、**ファンドマネージャー**と呼ばれる生保や年金、投資信託などの運用担当者にとっては、短期的な売買の鞘取りといったものが目的ではなく、あくまで運用利回りを上手にあげることが重要となっています。しかし、なかなか長期の予測も難しいために、結果として債券インデックスに合わせるかたちで運用しているケースも多くなっています。

　証券会社や銀行では、自己の勘定つまり会社の資金で債券の売買を行なう担当者がいます。**ディーラー**とも呼ばれ、顧客の売買に応ずるために常に会社のポジション全体を把握して自己のポジションを調整するなどしています。相場動向を読みながら、必要に応じてポジションのヘッジなども行なっています。

　海外投資家の中で**ヘッジファンド**と呼ばれる投資家がいますが、このヘッジファンドの中にも顧客の資金運用のため、積極的にリスクを取って相場の上げ下げで儲けようとしているところもあります。

債券の運用スタイル

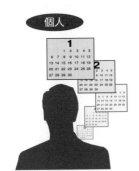

個人

ファンドマネージャー

ディーラー

資金を一定期間、債券で運用することが目的で、あくまでどの程度の期間資金を置いておけるのかということを前提にした投資を行なう。

相場観によって売買益を狙った投資も行なうが、長期の運用利回りがより重要であるため、インデックスに合わせた機械的運用になるケースも多い。

顧客の注文に応じるため、自社のポジションを調整するための売買を行なう一方、自らの相場観で売買を行なうディーラーも存在する。

6-2
市場参加者が長期金利を動かす

債券相場の先行きを予想することは、株式相場の先行きを予想するのと同様にたいへん難しいものがあります。ただし、債券市場は日銀など特定の誰かが動かしているわけではなく、様々な債券市場参加者が動かしているという点には注意が必要です。

▶▶ 経験と感性で生き残る

債券相場の動きによって長期金利が変動することで、長期金利の動きは債券相場そのものの動きとなります。つまり債券相場が上昇すれば長期金利は低下し、債券相場が下落すれば長期金利は上昇します。

債券や株などの相場の動きには、決まった方程式はありません。相場は人間の欲望というか、期待といったものが常に価格に反映されています。相場に参加している人々は、誰も損をしたいとは考えていません。なるべくリスクを抑えながら、収益チャンスを狙っているのです。

しかし、相場で安定的に儲けを出すことは実はたいへん難しいのです。筆者も証券会社で、長らく**ディーラー**として債券の売買を行なってきました。毎日、債券先物や現物債を売り買いして鞘を稼ぐのが仕事でした。このため相場の変化には大変敏感になっていたこともあり、相場が単純に読めるものではないことを身をもって学習しました。市場で生き残るためにはどうしたらよいのか、毎日の売買を通じてなんとか探れないものかと試行錯誤していたのです。そうして14年ぐらいディーラーの仕事を続けてきました。

その結果得た結論が、ディーラーとして生き残るために必要なものは経験と感性であるということです。アーティストや演出家として食べていくにも、そこには自分の感性がたいへん重要になると思います。野球などスポーツで食べていくにも、必要なのは体力や技術とともに感性ではないでしょうか。

相場の世界でも、本当に上手なディーラーが存在しています。しかし、それは金融機関に属するプロのディーラーの中でもほんの一部です。プロ野球などスポーツの世界でも、本当に稼いでいるのは一部の選手に限られますが、それと同じなのです。

▶▶ 相場は生き物

相場の世界にも天才は存在します。しかし野球選手がイチローの真似をしてもイチローにはなれないように、相場での天才たちもどのようにすれば儲けられるのかを具体的に示すことは難しいのです。

デイトレーダーになるとまず皆考えることがひとつあります。つまりファンダメンタルなどの分析をしても日々の相場動向を掴めるわけではなく、それならばパターン分析を通じて儲けられるのではないのか。これは**テクニカル分析**と呼ばれるものなのですが、それをパソコンのソフトに組み入れて売り買いのポイントを自動的に算出することができるのではないかと。

この落とし穴には、かなりのディーラーがはまってしまいます。個別株のデイトレーダーやFXのディーリングを行なっている個人投資家が、自動売買といったものに注意を向けてしまうのと同様です。

しかし、相場をある程度経験すれば、このようなシステム売買では儲けられないことが理解できるようになります。相場は機械で計算できるほど単純なものではありません。まさに生き物であり、その場その場の状況が絶えず変化するため、必要になるのは相場の動きを肌で感じることができる感性なのです。そこに経験が加わることによって、相場の世界で生き残ることも可能だというのが、筆者の14年間のディーラー経験による結論です。

相場は生き物

$$x = \frac{1}{n}(x_1 + x_2 + \Lambda + x_n) = \frac{1}{n}\sum_{i=1}^{n} x_i$$

$$\frac{1}{n}\sum_{i=1}^{n}(x_i - \bar{x})^2$$

感性

経験

6-3
相場を読むための注意点

債券相場に限らず、相場の先行きを読むためにはいくつかの注意点があります。たとえ債券売買をする人ではなくても、債券市場などの金融市場はこのような材料で動くのかということを知っておくだけでも、金融市場が少し身近なものになるかもしれません。

▶▶ 相場は「美人投票」

著名な経済学者であるケインズに「相場は**美人投票**である」という言葉があります。ケインズは経済学の業績のみならず、株式相場や商品取引でも財をなしたと言われていますが、この言葉はなかなか相場の心理面を言いあてている言葉かと思います。

「美人投票」とは、美人コンテストでは自分が美人であると思う女性に投票するのではなく、他の人たちがこの人こそ最も美人であると考えるであろう女性を選出するということです。相場も同様です。自分は買いだと思っていても、他の多くの人が下がると考えていれば「売り」に一票投じなければ儲からないということなのです。

債券市場も含めて相場を動かす材料に対する反応は、相場に携わる人たちの心理状態が大きく影響します。たとえば「材料出尽し」という表現が使われることがあります。ある企業がどんなに好決算の発表があっても、むしろその会社の株は利食い売りで下げてしまうといったケースです。

このようなケースは相場では頻繁に起こり得ます。相場は多くの参加者が先行きをどう読んで、どのような行動を取るかによって方向が決まります。さらに相場参加者の心理が強気もしくは弱気に傾いているときには、材料によっては過剰反応することもあります。同じような材料なのに、相場の心理状態により反応が異なるケースもあるのです。これはある程度のいろいろな相場の局面を経験しないとわかりづらい部分でもあります。市場参加者は何に注目し、どこを見ているのかを見ていかなければならないのです。

▶▶ アノマリー

相場の推測が、どんなに高度な演算処理能力を持ったコンピューターでも困難なのは当然のことと言えます。生物は進化するうえで、その場その場の状況に応じた遺伝

子組み替えを行なうと言われています。相場も同様に、いろいろな要素が絡み合い価格を形成しています。一部の要素の変化により、大きく状況も変化したりします。このため「相場は相場に聞け」とも言われるのです。

　単純に為替がいくら動くと株がこれだけ動くとか、消費者物価指数がこの水準にあれば長期金利はこの位置にあるといったような方程式は存在しません。ファンダメンタルズ分析と呼ばれるものは、過去の数値を基とした分析であり、景況感を示す指標は数か月遅れの発表となっています。相場は先を見て動く「生き物」である以上、過去の数値は参考にはなりますが、相場変動の一要素ということを認識しておかねばなりません。

　短期的な動向を掴むため市場関係者が重視しているものに「**パターン分析**」があります。チャートを使ったテクニカル分析にも近く、また株式市場でよく使われる**アノマリー**と呼ばれるものも近いものがあります。アノマリーとは、はっきりした理論的根拠を持つわけではないものの、経験則からそういうパターンが多いというもので、株式市場で有名な「節分天井、彼岸底」などが代表的なものです。

　ただし、2016年9月に日銀が長期金利コントロールを導入した結果、長期金利は日銀が決めるといった状況となってしまいました。市場関係者もファンダメンタルズなどより、日銀の意向を重視するなど、これまでの市場の経験が生かせない、ある意味異常な債券相場が形成されてしまったのです。

美人投票

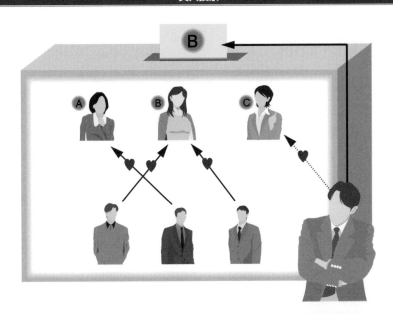

6-4
債券の動きを知るには先物を見る

大阪証券取引所に上場されている債券先物は、取引の立会い時間中はほぼ常に売買され値段が動いています。債券市場の動向をみる際には、この債券先物の値動きをみるのが一番わかりやすいものとなります。

▶▶ 債券市場の指標

たとえば東京株式市場の動向をみる際に、何を参考にしているでしょうか。ニュースなどでも東京株式市場の動向をみるのに使っているのが、日経平均株価です。日経平均は5秒間隔で算出された指数が上げ下げすることで、株式市場全体の動きを捉えやすいのです。

これに対して債券の場合、ベンチマークとされる10年国債の、直近に入札があった銘柄（カレント物）は常に売買が成立しているわけではありません。最も売買頻度が高いと見られる日本相互証券での取引でも、たとえば午前中ほとんど値が付かないといったこともあるぐらいです。つまり流動性という側面からみる限り、現物債の利回りの推移は滑らかな線で結ばれるというよりも、点と点を線で結ぶような形式となってしまいます。それでは、債券市場でこの日経平均と同様に指標の役割を果たしているのは何でしょうか。それは債券先物と呼ばれる、大阪取引所に上場された長期国債先物取引なのです。

▶▶ 債券先物市場の特徴

大阪取引所に上場されている**債券先物**の中心限月は、取引の立会い時間中はほぼ常に売買され値段が動いています。これは日経平均の指数そのものや、日経平均先物などと同様に、相場の動きを知るうえでは最も適したものであり、債券市場の動向をみるうえでは、債券先物の値動きをみるのが一番わかりやすいものとなります。ザラ場といわれる取引所の立会い時間中に、何かしら大きなニュースが流れたりすると、即座に反応するのが債券先物です。そのニュースが債券市場にどのように受けとめられたのかを知るには、債券先物の動きをみればわかりやすいのです。

　現物債の取引で最も値動きがわかりやすいのは日本相互証券での売買動向ですが、この値動きを直接みることができるのは、日本相互証券と契約を結んでいる業者と呼ばれる金融機関だけです。ただしQUICKやブルームバーグなどを介して現物債の売買状況を知ることも可能ですが、ややタイムラグもあり、個人投資家を含めて一般の投資家もその値動きをリアルタイムにみることはできません。それに対して債券先物は東証上場の株価の動きと同様に、ネット証券などの情報ソースなどを利用すれば、比較的リアルタイムでのデータも入手しやすいと思われます。

　機関投資家と呼ばれるプロの投資家も、債券の相場動向を知るために債券先物の動きを常にチェックしています。この債券先物取引はもともと現物債をヘッジするために作られた取引です。しかし、現在では現物のレポ市場も発達し、またオプション取引やスワップ取引などヘッジ手段も多様化してきました。それでも債券の現物の売買も債券先物の取引時間中にそのほとんどが行なわれているのは、債券先物でヘッジが可能だからという側面よりも、債券先物の取引が活発化し、債券相場の動向がわかりやすいためであると思われます。

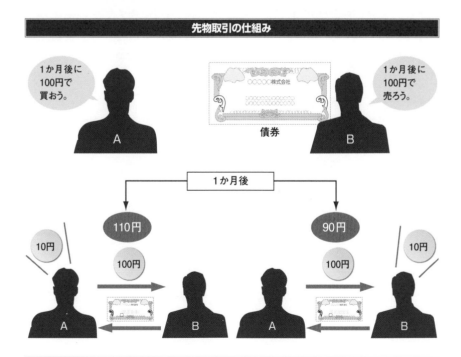

先物取引の仕組み

長期金利の変動要因としては、景気動向や物価などのファンダメンタルズと呼ばれる外部環境が本来であれば大きく影響します。しかし、景気が良いから常に長期金利が上昇するとは限らないように、長期金利はいろいろな要因が重なりあって変動します。

▶▶ ファンダメンタルズ・物価と長期金利

　　長期金利の大きな流れを捉えるためには、本来であれば**ファンダメンタルズ**と呼ばれる基礎的な環境要因のことを理解する必要があります。相場はファンダメンタルだけではなく需給要因などを含めていろいろな変動要因が複雑に絡み合っているのも事実ですが、ファンダメンタルズを理解せずには相場を読むことはできません。

　　相場に決まった方程式はないとは言え、ある程度の法則性があることも確かです。たとえば景気と長期金利の関係においては、景気が良くなれば長期金利は上昇することが多く、反対に景気が悪くなっていくと金利は低下していきます。

　　これは景気が良くなれば設備投資などが増加し、資金の借入需要が強まることで長期金利に上昇圧力が加わります、景気の過熱感の強まりによって物価上昇圧力が強まり、インフレ圧力を抑えるため中央銀行による金融引き締め（政策金利の引き上げ）が実施されることが想定されるためです。

　　しかし、それも一概には言えません。たとえば景気が回復しつつある際にその回復基調をより確固たるものとさせるため、さらに金融緩和を実施したりすることもあり、その際にはむしろ長期金利は低下することもあります。

　　物価との関連では物価が上昇しインフレ圧力が高まれば長期金利は上昇し、デフレにより物価が低下すれば長期金利は低下するというのが原則です。しかし、物価だけで長期金利の動向が決定されるわけではありません。たとえば物価上昇とともに景気後退が重なるスタグフレーションの懸念があるといった際には、物価上昇よりも景気の減速を重視して金融緩和策が打ち出され、結果的に長期金利が下がることもあります。

　　中央銀行の金融政策に対する思惑だけでも、長期金利は動きます。長期金利コントロール下においてはむしろ日銀の金融政策が最大の焦点となってしまいました。

▶▶ 株価・為替と長期金利

　株価と長期金利の関係については、これも相関関係がありそうですが、一概にはそうとは言えません。株価はひとつの景気動向を示す先行指標であり、株価が上昇している際には金利も上昇し、株価が下落傾向にある際には金利も低下傾向となることは大きな流れとしては言えるかもしれません。

　ところが、たとえば景気が悪化し、そのために何かしら政府が景気刺激策を打ち出すとなれば、国債の増発も考えられます。そうなると国債の需給が悪化して国債の価格が下落、つまり長期金利が上昇してしまうこともありえます。

　為替動向と金利の関係においても、円高になると日本の金利は低下し、円安になると金利は上昇するとの関係がよく指摘されます。これは輸出企業の業績や輸入物価などとの関係から指摘されることが多いと思われます。しかし実際には、為替の変動要因が何によるものかにより長期金利に与える影響は異なってきます。ドルと円の関係においても円が高いのか、それともドルが安いのかといったように、相手国の経済・物価動向によっても為替の動きは当然左右されてしまうためです。

景気・物価・為替と長期金利の関係

景気と長期金利

景気　金利

景気が良くなると金利も上昇

物価と長期金利

物価　金利

物価が上昇すると金利も上昇

円相場と長期金利

¥　金利

円安になると金利は上昇
円高になると金利は低下

＊上記は一般的な傾向

6-6
日銀の金融政策と金利の関係

伝統的な日銀の金融政策の目標は金利に置かれているのですが、その政策金利が実質的にゼロになると非伝統的な金融手段として量的緩和政策やマイナス金利政策、長期金利コントロールといったものが打ち出されてきました。

▶▶ 金融政策の目的

本来の**日銀の金融政策**は、政策金利となっている**無担保コール翌日物**の誘導目標値を上げ下げすることです。しかし、その政策金利がゼロ近辺になると金利以外の手段を取ることになり、日銀は2013年4月に量的・質的緩和政策を導入し、2016年1月からはマイナス金利政策、同年9月からは長期金利コントロールをそこに加えました。

1998年4月に施行された日本銀行法の第2条に、「日本銀行は、通貨及び金融の調節を行なうに当たっては、物価の安定を図ることを通じて国民経済の健全な発展に資することをもって、その理念とする」とあります。日銀の金融政策決定会合での決定に基づいて行われる金融政策の目的は「物価の安定」です。

このように金融政策の目的は物価の安定ですが、そのための手段は金融市場を通じて行なわれます。物価の安定とは、言い換えれば「通貨価値の安定」とも言えます。私たちが通貨を安心して使うことができ、経済全般においても通貨を利用しての決済などが滞りなく行なわれるようにすることも日銀の役割なのです。

通貨価値の上げ下げ、つまりは過度なインフレーションやデフレーションは、安定した経済成長にとっての阻害要因ともなります。金利はお金の価値を示すひとつの尺度です。このため、たとえば金利を操作することによって、通貨価値を安定させ、物価に働きかけて、安定した経済活動を促すというのが、金融政策の大きな目的となるわけです。

▶▶ 長期金利は本来は市場で決まる

日銀の政策金利が無担保コール翌日物の金利となっているのは、短い期間の金利を上げ下げすることで、預貯金金利や企業への貸出金利などに影響を与えるためです。

　しかし、経済への影響は、長期金利の動きなどによるものが大きいのです。そこで日銀は、2016年9月に長短金利操作付き量的・質的金融緩和を決定し、それまで操作できないとしていた長期金利を金融政策の操作対象に加えました。これは日銀による国債の買い入れ額を調整するなどして長期金利に働きかけようとするものです。

　また、日銀の金融政策は外国為替市場や株式市場にも影響を及ぼし、それによって間接的ながら日本経済全般に影響を及ぼしている面もあります。金利を動かしたことによる直接的な影響よりも、日銀は今後金利をどのように動かしていくのかといった「予想」による市場経済への影響が大きいのです。それは「期待」に働きかけることにもなります。つまり金融政策は「**アナウンスメント効果**」が重視されていると言えるのです。

金融政策のイメージ

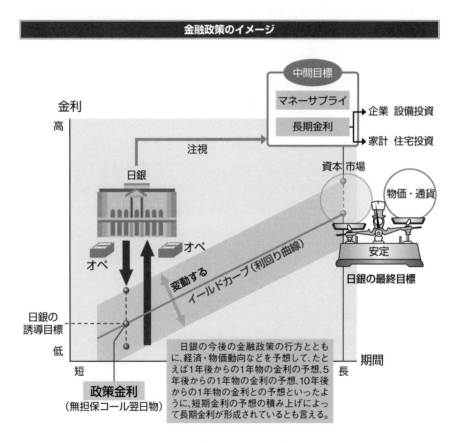

　日銀の今後の金融政策の行方とともに、経済・物価動向などを予想して、たとえば1年後からの1年物の金利の予想、5年後からの1年物の金利の予想、10年後からの1年物の金利との予想といったように、短期金利の予想の積み上げによって長期金利が形成されているとも言える。

6-7
金融政策が債券市場に与える影響

日銀の金融政策は本来であれば、政策金利である無担保コール翌日物の上げ下げにより、長期金利つまり債券価格などに影響を与えようとするものです。長期金利の動向が企業への貸出金利などにも影響し、景気や物価に影響を与えようとするものです。

▶▶ 近年の金融政策の歩み

日銀の金融政策はあくまで短期金利に働きかけることによって、長期金利にも影響を与えようとするものですが、その政策金利が実質ゼロ％となってしまってからは、2001年に始まった量的緩和政策、2013年に始まった量的・質的緩和政策、そして2016年1月に始まったマイナス金利付き量的・質的緩和政策といったように、量の政策や金利をマイナスにするなどの政策が取られました。

2001年の量的緩和の際には国債買入の増額などもありましたが、主に短期金融市場に資金を供給することが主眼となりました。しかし、2013年の量的・質的緩和政策では主に大量の国債を買い入れることで資金を供給し、マネタリーベースを大きく増加させる手段を取りました。これは債券市場に直接影響を与え、国債の需給がタイトとなることで一層の長期金利の低下、イールドカーブ全体の引き下げを促すことになりました。そして2016年1月に決定したマイナス金利政策により、やはり債券のイールドカーブ全体が引き下がり、10年を超える国債の利回りも一時マイナスとなったのです。それによる金融機関への影響が意識されたことで、今度は同年9月に長期金利もコントロールするという長短金利操作付き量的・質的緩和が実施されたのです。

▶▶ 目標達成は道半ば

このように日銀の金融政策は直接、債券市場に影響を与えます。また、日米の金利差などにも影響を与えることとなり、ドル円などの外為市場にも影響が及びます。

2012年11月にスタートしたアベノミクスは日銀の大胆な金融緩和が主な柱となり、急激な円安と株高をもたらしました。量的・質的緩和により日銀は2％の物価目標を達成するとしたのですが、これは主に長期金利の低下を促すことによる効果を期

待したものとなりました。実際に長期金利は大きく低下したのですが、肝心の物価は一時的に前年比プラス1.5%と目標となっている2.0%に近づいたものの、その後は前年比ゼロ近辺にまで低下してしまいました。

　日銀の異次元緩和と呼ばれるものによって長期金利の大幅な低下は促されましたが、それが結果として物価などに直接働きかけているようにはみえません。日銀はいずれ物価目標が達成できるとしていますが、長期金利の低下によって増大したマネタリーベースによる物価への働きかけの部分が、どうも機能しているようには思えません。

　また、日銀による大量の国債買入は財政ファイナンス*を連想させかねず、さらに物価目標が達成できないとなれば、異常な量の国債買入を続けざるを得なくなることで、日銀の出口戦略も困難にさせるのではとの懸念も出ています。

　そして2022年あたりから、新型コロナウイルスの世界的な感染による世界経済への影響とともに、ロシアによるウクライナ侵攻によって、世界的な物価の高騰が引き起こされました。日本の消費者物価指数も2%を超える状態が続きました。それに対し日銀は頑なに強力な緩和を維持しました。ただし、長期金利の上昇圧力の高まりや日米金利差による円安進行などもあり、長期金利コントロールの上限を2022年12月にそれまでの0.25%から0.5%に、2023年7月には1.0%に引き上げました。

日本銀行本店本館

*財政ファイナンス　中央銀行が政府に財政資金を提供すること。国債のマネタイゼーション（国債の貨幣化）などとも呼ばれ、政府の財政規律に疑念を生じさせる恐れがあるとされる。

6-8
投資家の動向を知る

債券市場の動向をみるうえで、国債などを保有する投資家の動向が大きな鍵となります。このため国債の大口保有者である都銀や生保などの動向が市場に影響していたのですが、現在は国債の5割超を保有する日銀の動向に影響を受けるようになっています。

▶▶ 3つの要因

日本の債券市場の動向を見るうえで必要なものを大きく分けると3つあります。そのひとつが**ファンダメンタルズ**と呼ばれる、日本の経済や物価の動向です。さらに特に短期的な動きをみるうえで重要な**テクニカル分析**と呼ばれるチャートなどの分析があります。そして、もうひとつ重要なのが**需給要因**です。

需給要因とは債券を買いたい人のニーズと売りたい人（発行体含め）のニーズのバランスです。日本の債券市場の発行体として非常に大きな存在は、日本国債を発行している政府です。日本の債券市場の供給面からは、国の財政に絡んでいる国債の発行を常に注視する必要があります。

これに対し、需要側としては**機関投資家**が大きな存在となっています。日銀の資金循環統計から国債の保有者別内訳が分析できます。

2023年3月末時点で日本国債（短期債を除く）の最大の保有者は、中央銀行（日銀）で、576兆0643億円、全体に占める割合は53.3%となっています。月に保険・年金基金、236兆1063億円の21.9%、そして銀行などの預金取扱機関が95兆8124億円で8.9%、海外が78兆1840億円で7.2%、公的年金が44兆8946億円で4.2%、家計が12兆7694億円で1.2%、その他が36兆1283億円で3.3%となっています。

▶▶ 機関投資家の動向

　こうしてみると、日本の国債の多くは日銀や生保、銀行や年金などが保有しているのです。

　ところが、債券市場では海外投資家の売買が非常に目立っています。これは保有額がそれほど多くはなくても、現物債や債券先物などで積極的な売買を仕掛けているためとみられます。ただし、短期的な債券の動きは海外投資家の投機的な売買によって動かされることはあっても、長い目でみれば国内の機関投資家の動きによって債券相場の方向性がある程度決定付けられていると言えます。このため、債券市場の大きな流れを見る上では、国内の金融機関の動向を注視する必要があります。

　債券相場の**手口情報**と呼ばれるものは、株式のように毎週証券取引所から公表されるものではありません。投資家の動向を知るためには、日本証券業協会の発表する公社債投資家別売買動向を見る必要があるのです。

　日本証券業協会は会員（証券会社）の売買高と特別会員（ディーリング業務を行っている短資会社を含む登録金融機関）の公社債店頭売買高を合算したものを毎月20日（休日の際は翌営業日）に発表しています。

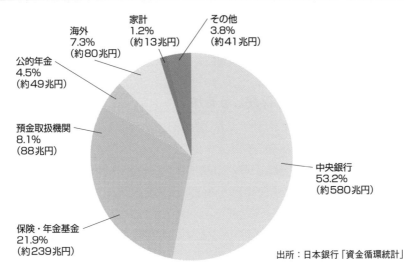

国債保有者別内訳（2023年3月末）

家計 1.2%（約13兆円）
その他 3.8%（約41兆円）
海外 7.3%（約80兆円）
公的年金 4.5%（約49兆円）
預金取扱機関 8.1%（88兆円）
中央銀行 53.2%（約580兆円）
保険・年金基金 21.9%（約239兆円）

出所：日本銀行「資金循環統計」

第6章　金利の先行きを読む方法

6-9
チャートの有効活用

長期金利の動向をみるうえでは、株式市場や外為市場をみる際にも参考にされているチャートも重視されます。現在の長期金利の居所はどのあたりなのか、まさにチャート（海図）で示されるとともに、いろいろなチャート分析手法も存在しています。

▶▶ 相場は相場に聞け

「相場は相場に聞け」という格言があります。これはファンダメンタルズとか需給などの要因はすべて価格に織り込まれていることを示したものです。この価格の動きを分析するのがチャート分析です。

特に短期売買を行なっている**デイトレーダー**などは、**チャート**と呼ばれる相場の値動きをグラフ化し、ローソク足や移動平均、一目均衡表などいろいろな分析手法を取り入れて、なんとか収益を上げる方法を模索しています。また長期の運用においても、長期金利の推移がひと目でわかるチャートはある程度重要視されています。過去のチャートなども参考にして、今後の展開を予想するためのツールとなっています。

現在ではブルームバーグなどの情報端末を利用すれば多様なチャートが即座に表示されています。個人投資家もネット証券などを通じてインターネットで各種分析ができるようになっています。しかしこれほどチャート分析が容易となったのは、パソコンの普及と表計算ソフトが一般に普及してからでした。それまで相場関係者は、グラフ用紙に自分でローソク足などを直接記入していたのです。

▶▶ 自動売買システムは存在しうるか

私が債券ディーラーになったのは、1986年の10月で債券先物が東証に上場して1年目でした。当時は、株の日経平均や外為市場のドル円などのように、取引時間中ほぼ継続して値動きがある商品が債券市場にも出てきていました。それが当時、10年国債の指標銘柄であった第89回債と債券先物の中心限月でした。

特に先物は利回りでなく価格で売買されるため、**テクニカル分析**に使うにはたいへん便利な商品でした。当時、私もデータをグラフ用紙に書き込んではチャートを作成し、ディーリングの参考にしていました。

　債券先物市場でも、大手の銀行や証券会社がテクニカル分析をベースにした自動売買システムを開発し、顧客を集めて実際に債券先物で売買したことがありました。しかし彼らの動きはあっという間に知れ渡り、今日は何時にこれだけの金額の買いが来るからその前に買ってしまおう、との注文が入ったことで、このようなシステム売買は結果的に損失を被って成り立たなくなってしまいました。

　シミュレーション上では、過去の値動きから絶対に儲かるシステムを作り出すのは容易です。ところが、それが今後の動きにも有効であるかと言えば、そうではなく、あくまで過去の動きにうまくマッチしたシステムであるに過ぎないのです。システム売買で簡単には儲からないというのは、ある程度相場に接した人は理解できるかと思います。

　ただし、テクニカル分析がまったく有効ではないというわけではありません。市場の方向性を読むために必要な道具ではあるのです。カーナビがあっても車を安全に動かすのはドライバーです。テクニカル分析は、あくまで相場に対しての補助道具であるとの認識が必要なのです。

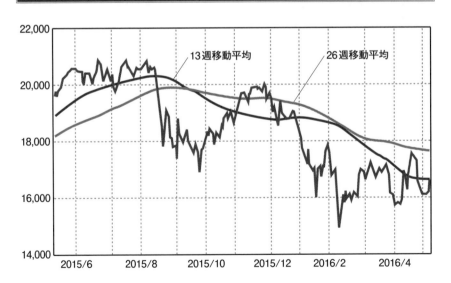

移動平均の例（日経平均株価）

6-10
イールドカーブ分析

個々の債券は残存期間が異なっています。横軸を債券の残存期間、縦軸を複利利回りにしてそれぞれの結んだ曲線をイールドカーブもしくは利回り曲線と呼び、長期金利分析になくてはならないもののひとつとなっています。

▶▶ イールドカーブとは

債券市場の動きはそのまま長期金利の動きとなりますが、個々の債券は残存期間が異なっており、たとえば国債ならばTDBと呼ばれる1年以下の国庫短期証券から期間40年の国債まで、それぞれの利回りがあります。それを複利利回りにして横軸を残存期間、縦軸を金利にしてプロットして結んだ曲線が**イールドカーブ**、日本語で「**利回り曲線**」と呼ばれるものです。

イールドカーブを見ることで、残存期間に応じた利回り分析が可能となります。つまり債券市場における金利構造をチェックすることが可能となるのです。

債券は長い期間のものほど同じ利回りの変動に対して価格が大きく動く、という特性を持っています。つまり残存期間が長いほどリスクが高くなることで、その分利回りにプレミアムが付いていると考えられています。このため、イールドカーブは通常は右肩上がりであり、何かの要因で長い期間の債券が買われ右肩上がりの曲線が、直線に近くなることを**フラットニング**と言います。イールドカーブの動向を示す際には、このようにスティープニングとかフラットニングといった使い方をしています。

たとえば、物価が急上昇し、中央銀行が数度の利上げを行うことによって政策金利を大きく引き上げた場合には、政策金利に連動する短期金利が大きく上昇します。しかし、利上げによる景気への悪化などが意識され、将来は利下げに転じる可能性もあると市場参加者が予想すると、長い期間の利回りは短い期間の利回りほど上昇しないケースもあります。これが**逆イールド***と呼ばれるものです。

このようにイールドカーブは景気や物価の動向、中央銀行の金融政策のゆくえ、さらに市場参加者の今後の金利の予想などを通じて形状が変化します

***逆イールド** たとえば1989年の7月あたりから、長短金利の逆転現象が生じていた。これは、度重なる公定歩合の引き上げなどが要因となっていた。

▶▶ イールドカーブの「形状」

　イールドカーブの形状には、中央銀行の金融政策も大きく影響します。長短金利操作付き量的・質的金融緩和により、日銀は短期金利に加え長期金利に対しての操作目標も決めています。これにより日銀がどの水準に長期金利を誘導させたいのかがわかります。日銀のマイナス金利政策により、その起点はマイナスとなりました。

　金融政策で緩和から引締に移る、つまり利下げから利上げに転じた際には、このイールドカーブのフラット化もしくは逆イールド化することがあります。これは足元の金利が引き上げられるが、景気の減速や物価上昇率の鈍化期待の高まりなどによって長めの金利は低下に転じるためです。

　ヘッジファンドと呼ばれる投資家の一部は、このイールドカーブの形状をみながら、短期債買いと長期債売りといったトレードを組み合わせて行なっています。これは何らかの要因によるイールドカーブの歪みをみつけて、その歪みの修正を狙っての売買手法です。このような仕掛け的な動きによってイールドカーブが変化してくることもあるため、注意が必要です。

第6章　金利の先行きを読む方法

イールドカーブ

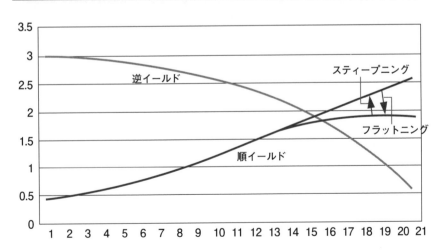

6-11
金利の期間構造理論

債券のイールドカーブがどのようにして決まるのかを説明する代表的な仮説が3つあります。「純粋期待仮説」「流動性プレミアム仮説」「市場分断仮説」と呼ばれるものです。

▶▶ 3つの仮説

「**純粋期待仮説**」は、現在の金利の期間構造は、将来の金利の期待値つまり予測値によって決定されるという考え方です。右肩上がりのイールドカーブは、市場参加者が将来、金利が上昇すると予測していることを示すとされます。反対に右肩下がりのイールドカーブは、市場参加者は将来金利が低下すると予測していることを示すというものです。

これに対して「**流動性プレミアム仮説**」とは、期間の長い債券ほど価格変動リスクが大きいことで、他の条件が同じであれば、その分だけ長期の金利は短期の金利に比べてプレミアムが付くため長期の金利が高くなるとの仮説です。

そしてもうひとつ「**市場分断仮説**」は、債券市場は市場参加者、この場合は主に投資家ということになりますが、債券を購入する背景になっている資金の性格によって、買い付ける債券の期間が決定されるため、イールドカーブの居所は投資家の需給関係で決まるという理論です。

いずれの仮説もイールドカーブを形成しているひとつの要因となっていると思われますが、ここでは特に「市場分断仮説」について具体的にみてみましょう。

▶▶ 市場分断仮説

たとえば銀行と生保という2つの運用会社を比較してみます。銀行が国債などの債券を買い付ける資金の背景にあるのは、私たちの預金となります。預金で集められた資金は貸し出しなどで運用されますが、一部は国債などの債券でも運用されているのです。

預金として私たちが銀行に置いておく期間は、定期預金などを利用したとしても2年から3年といったケースが多いはずです。このためメガバンクを含め銀行が買い付ける国債は比較的中期ゾーンが多くなります。国債で言えば2年や5年物です。ただ

しかくまでも、保有する債券ポートフォリオ全体の平均残存年数が短いということで、10年や20年といった期間の長い国債を買い付けることもあります。ゆうちょ銀行も同様です。銀行の資金運用は貸し出しなどが主ですが、ゆうちょ銀行はその資金の多くが国債で運用されており（将来は融資も視野の模様）、しかも資金量が巨額なことから比較的期間の短い国債に対しての有力な買い手となっています。

　これに対して生命保険料として払い込んでいる私たちの資金は、運用している側からすれば比較的長期の運用が可能なものとなります。このため、生命保険会社は超長期と呼ばれる20年債や30年債などを中心に購入しています。これは巨額の資金を運用しているかんぽ生命についても同様です。

　年金の運用機関も、その資金の性格から期間の長い債券を主に購入すると期待されます。しかし年金の資産運用は、その多くが**インデックス追随型運用（パッシブ運用）**と呼ばれるものとなっています。市場に現存する債券全体を基にした指数が証券会社などによって算出されており、そのインデックスに応じての運用を行なっています。

　同じ年金でも海外、特に欧州系の年金などは日本の国債などでも資金を運用していますが、こちらは期間の長い30年や40年の国債などでも運用しています。

3つの仮説の概要

仮説	概要
純粋期待仮説	長期金利は、将来の短期金利の期待値で決定される。
流動性プレミアム	長い期間の債券ほど価格変動リスクが大きく、また期間が長いほど将来のリスクも大きいことで長い金利ほどプレミアムがつく。
市場分断仮説	投資家によって購入する債券の期間が異なる。

第6章　金利の先行きを読む方法

6-12
市場関係者のマインド分析

長期金利の先行きなど相場を読むためには、市場参加者のマインドを読む必要があります。それは株式市場などでよく使われる「材料」という言葉に置き換えられるかもしれません。市場参加者が何に注目しているのかを知ることが大事なのです。

▶▶ 「材料」とは

株式や債券、外国為替、商品先物などの市場で価格が変動する背景には投資家など市場参加者の売買が存在しています。

市場参加者は人間である以上、コンピューターのようにいろいろな情報を瞬時に計算しながら相場で売買しているわけではありません。情報にしてもすべてが明らかとなっているわけではなく、かなり偏在していると言ってよいでしょう。「**情報の非対称性**」とも呼ばれているものです。

特に投資家の手口情報などは、注文を受けたところでしかわからないことで、その他の参加者は大手投資家の動きを価格の変動具合などによって探るといった方法を取らざるを得ません。もちろん市場参加者は価格の動きだけをみて相場を張っているわけではありません。また投資家と業者も連絡を密にして、市場の動向を探ろうとしていますので、様々な噂なども出やすくなっています。実際にはあくまで観測を話しただけなのに、それが現実にあったかのように市場で材料視されてしまうといったこともあります。まさに伝言ゲームの大型版とも言えるような状況下にあるのです。このように、市場参加者はそれぞれネットワークを持って市場の動向を探ろうとしています。

市場参加者はいろいろとネットワークを通じて結びついていることに加え、情報ベンダーやマスコミなども相場の変動に注目しています。そういった中から必然的に生まれてくるのが「注目材料」です。本来、市場の動向を探るには経済や物価全般の動きや、投資家行動に注視すべきなのですが、相場の流れを明確化するためにある程度絞られた「材料」が必然的に出てくるのです。

それが米国のサブプライム問題であったり、リーマン・ショックであったり、欧州のソブリン信用問題であったり、ロシアによるウクライナ侵攻であったりします。

▶▶ 市場心理が相場に影響を与える

　たとえばロシアによるウクライナ侵攻が日本経済に直接打撃を与えることは考えづらくとも、世界経済に影響が出れば日本経済にも影響が出るというシナリオが出来上がります。また、世界的なリスクオフとの動きが直接、日本の株式や為替、さらに債券に影響を与えることもあります。

　もちろんファンダメンタルズという面での影響はあるでしょうが、市場の目が物価動向や中央銀行の金融政策といった材料に集中してしまうと、その動向ばかりに注意が払われ、それまで重視していた材料は見向きもされなくなることも多いのです。

　相場は人間が形成している以上、そこには集団心理といったものも働きやすくなります。このため理屈だけでは説明しにくい動きが生ずることも多く、これも相場であるのです。

　「相場が間違っているが俺は間違っていない、だけど損した」というのは、相場というものを理解していない証拠です。相場を読むためには、市場参加者のマインド分析といったものもたいへん重要な要素となるのです。

「マインド」が「材料」に影響を与える

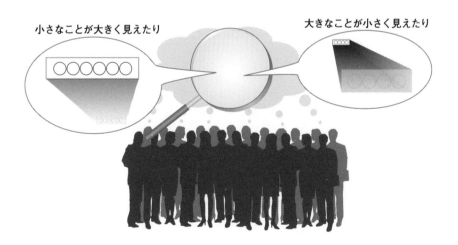

小さなことが大きく見えたり

大きなことが小さく見えたり

第6章　金利の先行きを読む方法

海外市場の動向

　海外市場からの影響を見る場合に、注意すべきは、それぞれの国の政治や経済の動向なども当然ですが、それぞれの市場動向にも東京市場は大きな影響を受けているということです。特に米国の市場動向はチェックしておく必要があります。

▶▶ 注目は米国の市場動向

　お隣の国の中国も市場経済が導入されたあとには、急速な経済成長を遂げていることはご承知の通りです。この中国の経済成長の背景には、米国やユーロ圏、そして日本との貿易拡大などの要因も存在しています。つまり中国経済は米国経済や欧州経済、そして日本経済の動向にも大きく影響を受けやすくなっています。

　もちろん日本経済も米国経済や中国経済の影響を強く受けています。今後、米国や中国の経済が急速に落ち込むといったことにでもなれば、日本経済の成長も鈍化せざるを得なくなります。そのような動きを先読みするように、債券市場なども動いていきます。

　現在は金融取引においてコンピューターのネットワークが利用されるとともに、情報が瞬時に伝わることによって、世界の投資資金がまさに光の速度で大きく動いています。そして世界の市場が注目しているのは、やはり米国の市場動向ではないかと思います。日本の債券市場も、以前から米国の株式や債券市場の動向に強い影響を受けています。

▶▶ 株式市場、為替市場

　外国為替市場の動向にも注意が必要です。通貨としては米ドルとともにユーロの動向も注目されています。

　ニューヨーク市場が風邪を引くと東京市場がくしゃみをする、といった表現をされていたこともありましたが、いまだに前日の米国の株式市場や外為市場、債券市場の動向が、日本の市場にも大きな影響を与えています。

▶▶ 中央銀行

　米国債券市場の動向も注意する必要がありますが、それとともに米国の中央銀行である **FRB** *（**連邦準備制度理事会**）の動向にも注意が必要です。FRBの今後の金融政策の行方が米国の金利の動向に影響を与えるとともに、世界市場にも影響を及ぼします。

　また、**ECB** *と呼ばれる**欧州中央銀行**の金融政策に関しても、市場では注意が払われています。また、デフレ脱却に向けての日銀の金融政策への注目度もかなり高くなっています。

FRBとECB

▼パウエルFRB議長

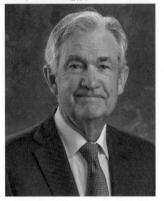

▼ラガルドECB総裁

European Union 2020 -Source EP

▼FRB

▼ECB

第6章　金利の先行きを読む方法

---

* **FRB**　Federal Reserve Boardの略。
* **ECB**　European Central Bankの略。

MEMO

債券投資のリスク

債券投資に限らず投資にはリスクが存在します。債券は満期があり元本が返ってくることで比較的安全性の高い金融資産なのですが、それでも価格変動リスク、流動性リスク、そして信用リスクなどのリスクが存在しています。

7-1
金融商品のリスクとは何か

リスクとは危険に身をさらすという意味が含まれながら、試みることや冒険してみるという意味も含まれています。リスクにうまく対応できればそれに見合ったリターンが求められることがいわば投資の醍醐味でもあるのです。

▶▶ リスクの意味

すでに日本語化している**リスク**（risk）の語源は、俗ラテン語の「risicare」に遡れるとされ、それは「絶壁の間を縫って航行する」ことを意味しているそうです。つまりリスクという言葉の意味が危険というより、冒険とかチャレンジといった能動的な意味合いが強いことを示しているからだと思われます。リスクには危険に身をさらすという意味が含まれてはいるものの、試してみることや冒険してみることといった意味も含まれ、そこには冒険の愉しみという気持ちも込められているようです。この意味において、投資におけるリスクとは、失敗の危険性はあるものの成功を目指して期待に胸膨らませながら果敢に試みることを意味しているものと思われます。

リスクにうまく対応することができれば、それに対して、得られるものが大きなものとなる可能性も存在しているのです。投資とはリスクを認識し、それに応じた収益を確保しようとするものです。リスクを知ることによって、投資の楽しみも知ることができるのです。

そのためにも、投資にはどのようなリスクが存在しているのかをしっかりと知っておく必要があります。投資用語に「**ハイリスク・ハイリターン**」というものがあります。リスクが高ければ高いほどそれによるリターン、つまり収益も大きいということで、リスクとリターンにはトレードオフの関係があるといった意味でも使われます。

▶▶ 価格変動リスクとは

このリスクにはこれだけのリターンがある、という具体的な計算式はありません。しかし投資商品はマーケットで売買されていることから、その価格の推移などを確認することでリスクとリターンの関係をある程度知ることができます。まずは投資商品についての知識を得ることが重要であり、そのうえでその商品に内在するリスクを確認

してから初めて投資はするべきものなのです。

　投資のリスクの中で、一番気になるものが**価格変動リスク**です。金融商品に限らず、私たちの身の回りでも価格が変動するものはたくさんあります。身近なものとしては、スーパーなどで売っている野菜の価格などでしょうか。ガソリンスタンドでのガソリン価格も変動します。

　本来、私たちが購入しているもののほとんどが、日々の価格変動にさらされています。というのも、原材料価格が日々変動しているからです。2022年以前では日本では価格転嫁は難しい状況となっていました。しかし、世界的な物価の上昇を受けて、日本でも物価が上昇してきました。原材料価格やエネルギー価格の上昇、さらに輸送コストの上昇などを受け、それを価格に転嫁せざるを得ない状況となってきました。徐々に賃金も上昇しはじめてきましたが、それを上回る物価の上昇を受けて、我々は価格変動リスクに晒されることになったのです。

　マーケットで日々売買され、値動きも激しい株や債券、為替といった金融商品については、その価格変動のリスクは購入者自身が負うこととなります。

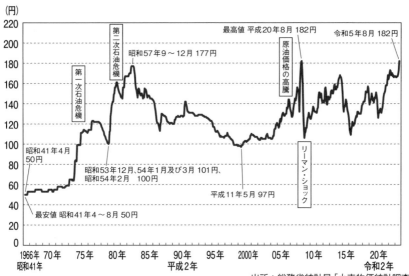

ガソリンの東京都区部小売価格の推移

出所：総務省統計局「小売物価統計調査」

債券は日々、市場で取引され価格が動きます。このため、途中で売却する際にはそのときの債券相場によって価格が上下し、損失を被ったり利益を得たりすることになります。償還まで持てば通常は元本が戻ってきます。

▶▶ 債券価格の変動史

債券の買い付け時より長期金利が低下していれば、値上がり益を見込める可能性もありますが、長期金利が上昇している場合には、受け取り金額が買い付け価格を割り込む可能性があります。債券の価格変動リスクに関しては、残存期間の長い国債ほど、同じ利回り幅に対して価格が大きく変動する点にも注意が必要です。

ここでは、債券市場の急激な価格変動の事例について、少し歴史を追ってみましょう。債券関係に詳しい方はご存知かと思いますが、株の急落と同じような出来事が債券市場でも歴史上、何度か起きているのです、

●ロクイチ国債の暴落

1980年4月に**ロクイチ国債**と呼ばれる利率6.1%の国債は利回りが12%台にまで上昇し、その国債を保有していた投資家や証券会社は大きな損失を被りました。そのため債券市場も一種のパニック状況に陥ったのです。

●債券先物の急落

1985年10月に東京証券取引所に日本ではじめての金融先物市場が誕生していますが、債券先物取引はスタート直後に急落しました。この年9月のプラザ合意を受け、日銀が11月24日に短期金利の高め誘導を実施したことで、債券先物は急落したのです。大量の売り注文により2日間値がつかない（売り気配のまま）という異常事態となったのです。

●タテホショック

1987年9月、タテホ化学工業が債券先物取引において286億円もの損失を出し

＊**VaR**　Value at Riskの略。

たことが明らかになり、「**タテホショック**」と呼ばれる債券相場の急落を引き起こしました。不安から債券相場は売り一色となり、9月3日から5日までの3日間で、指標銘柄であった10年第89回国債は1%あまりも利回りが上昇したのです。

●運用部ショック

　1998年末からの長期金利の上昇は「**運用部ショック**」と呼ばれています。1998年12月に10年債利回りは、1%近辺から2%近辺へと1%あまりの金利上昇となりました。これは、当時大蔵省資金運用部が毎月行なっていた国債買入を、突然、停止すると表明したために生じたものです。

●VaRショック

　2003年6月にも債券は急落がありました。6月17日から19日の3日間で債券先物は144円76銭から141円80銭へと急落しました。それまで、日本でのデフレ圧力の強まりが意識され、安全資産としての国債に資金が集中し、10年債利回りが0.5%を割り込むなど異常に買われすぎており、その反動が起きたのです。緩やかな金利低下に慣れていた市場関係者の一部は、価格変動リスクを数値化していたVaR*に基づいてリスク管理しており、そのVaRが急上昇したために、保有していた債券の投売りを加速したことから、「**VaRショック**」と呼ばれています。

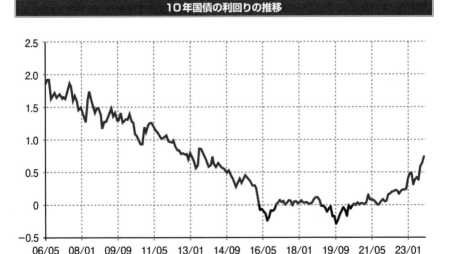

10年国債の利回りの推移

＊新発10年国債（月末終値）

出所：日本相互証券ホームページ

第7章　債券投資のリスク

7-3
信用リスクと流動性リスク

信用リスクとは、どこかに貸したお金が約束どおり返ってこないとか、あるいは購入した債券の利息や償還金をあらかじめ決められた条件で支払うことができなくなるリスクのことを示します。

▶▶ 信用リスク

日本の金融市場で、**信用リスク（クレジットリスク）**と呼ばれるものが本格的に意識されたのはそれほど昔のことではありません。

信用リスクとは、どこかに貸したお金が約束どおり返ってこないとか（貸し倒れ）、あるいは購入した債券の利息や償還金をあらかじめ決められた条件で支払われなくなる（**デフォルト：債務不履行**）リスクのことを示します。信用リスクは**デフォルトリスク**といった使われ方もします。また、国の信用リスクのことは**カントリーリスク**とも呼ばれています。

信用リスクは、市場において**リスク・フリー金利**に上乗せされる**プレミアム**といったかたちで表わされます。それは約束通りの支払いに対するひとつの信頼感の証とも言えます。債券の発行体などに対してどの程度支払いが信用できるかを、スプレッドという数字で表現したものと考えることもできます。ちなみに、その元になるリスク・フリー金利は通常、国債の金利となっています。

実際に企業が倒産したり国の財政が破綻してしまうケースだけでなく、倒産する可能性が高くなることで債券の価格が下落することなども、この信用リスクに含まれます。

信用リスクをみるために使われるものに「**格付け**」があります。この格付けとは、債券などの元本や利息が、約定どおりに支払われるかどうかの確実性を、専門的な第三者（**格付会社**）が評価して段階的に表示したものです。

たとえばある会社が債券を発行したいとき、格付会社に費用を払って格付けを取得します。もしこの格付けが高いと、その企業の安全性が高いことが認められたわけで、高いプレミアムを付けなくても債券を発行できるようになります。格付会社は、こういった企業の格付けを発行する仕事のほかに、独自で国の格付けも実施しています。

▶▶ 流動性リスク

　取引を約定した後に、何らかの事情で決済が予定通りに行なわれないことから生ずるリスクは決済リスクと呼ばれます。決済リスクには、取引の相手方にかかる「信用リスク」と「**流動性リスク**」の2つの要素があります。信用リスクとは、取引の相手方が経営破綻などにより決済できなくなるといったリスクですが、流動性リスクは、取引の相手方に経営不安観測が流れたり、決済システムが故障で停止したりするなど、なんらかの特殊事情によって決済が滞ってしまうリスクです。

　また流動性リスクは、マーケットで金融商品を売却しようとしてもなかなか換金が難しいといった状況も含みます。金融商品の流動性リスクは、いつでも売りたいときに売れて、買いたいときに買えるかどうかというリスクです。売らなくてはならないときに換金が難しくなると、その金融商品は敬遠されてしまう恐れがあります。

　この点、国債の流動性はかなり高いと言えます。国債市場は一度に数千億円という売り買いすら吸収できる市場になっているためです。国債は現金に次ぐ流動性を誇っているとも言われ、これも国内の金融機関が積極的に国債を保有する大きな理由ともなっています。ただし、日銀による量的・質的緩和による大量の国債買入や、イールドカーブ・コントロールにより国債の流動性は超長期債を主体にかなり後退しており、その分、リスクが高まっているとも言えます。

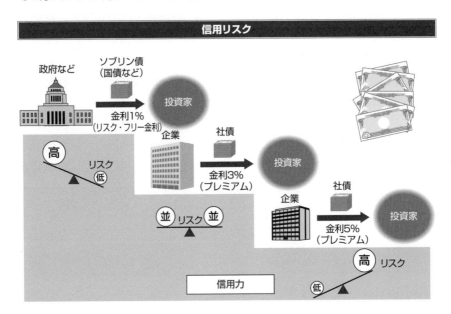

信用リスク

7-4
信用リスクの事例

　信用リスクの事例として、バブル崩壊によって信用リスクが顕在化した1997年の一連の金融機関の破綻におけるものと、2007年8月ごろから金融市場を混乱させたサブプライム問題の2つをみてみましょう。

▶▶ 1997年11月の連鎖的な破綻劇

　バブル期までの日本経済においては、企業などの信用リスクは**間接金融**というシステムの中で銀行が主に負ってきました。ただし銀行は**護送船団方式**と呼ばれたように、結局は政府の保護下にもあったことで、ある意味政府が企業の信用リスクを負っていたとも考えられます。

　今では銀行が破綻するとなっても、あってしかるべきとの認識が強まっており、だからこそペイオフの全面解禁なども実施されたわけですが、高度成長期から1990年頃のバブル崩壊前あたりまでは、金融機関が破綻する、まして都市銀行や大手証券会社が消滅するなどといったことは常識として考えづらい環境にあったのです。このため、信用リスクとかデフォルトリスクはほとんど認識されていなかったのです。

　ところがバブル崩壊によって、この信用リスクが顕在化しました。1997年の11月に一連の金融破綻が生じたときに、まず信用リスクが高まりました。3日に中堅証券の三洋証券が会社更正法適用を申請、17日には都市銀行の北海道拓殖銀行が経営破綻し北洋銀行への営業譲渡を発表しました。24日には当時、四大証券の一角を占めていた山一證券が自主廃業を届け出、26日には徳陽シティ銀行が分割譲渡と4つの金融機関が相次いで破綻したのです。

　そして三洋証券の破綻の際に、コール市場での小規模なデフォルト（債務不履行）が発生しました。金融機関同士で取引しているコール市場という信用の上に成立している金融市場の中で、デフォルトが起きてしまったのです。そのデフォルトは、金融資本市場全体にパニックを引き起こしました。流動性リスクが増大し、これが続く金融機関破綻の引き金ともなったと言われました。信用リスクと流動性リスクの増大により、金融システム不安が一気に高まったのです。

▶▶ サブプライムローン問題

　もうひとつの事例として、2007年8月頃から金融市場を混乱させた**サブプライムローン**（信用力の低い人向けの住宅ローン）問題があります。

　2007年の2月あたりから米国住宅市場が減速し、2005年から2006年に証券化されたサブプライムローンについて、金利が跳ね上がる2年を過ぎたものが出てきました。これらのローンについては、借り手に返済能力があるかという審査も不十分で、支払い遅延やデフォルトが相次ぐようになりました。これによりサブプライムローンを組み込んだ**債務担保証券（CDO ＊）**の価格が大きく下落しました。さらに**資産担保CP ＊**を購入することで、様々な証券化商品プログラムに資金を供給していた投資家が、担保にサブプライムローンが含まれていることを嫌気し、購入を手控えてしまったのです。これにより欧米の金融機関が資金繰りの問題に直面し、その後、巨額の損失見込みを計上するなどしたことで、金融市場を大きく混乱させる原因となりました。

　金融市場の動揺の背景には、高度化というよりも複雑化した金融商品に隠れていたリスクが表面化したことも大きいと言えます。サブプライムローンについてはそういった層に融資していた金融機関が直接被害を受けるものの、本来なら世界的な影響を及ぼすことは考えづらいはずです。しかし金融機関が、こういったローンのリスクをすべて背負うことには無理があり、そのローンを担保にした証券を発行し、数多くの投資家に転売する仕組みが考え出されました。つまり一社では背負い切れないほどの信用リスクを、細分化して広範囲にばら撒いてしまう手法です。もちろんトータルのリスク量が軽減するわけではありません。しかしこの仕組みならば、従来では不可能であったようなローンも提供することが可能となったのです。

　こういった住宅ローンを裏付けにした証券が、**住宅ローン担保証券（RMBS ＊）**と呼ばれるものでした。さらに合成債務担保証券、CDOの一部には、ローンや住宅ローン担保証券を組み入れたものがあったのです。

　米住宅バブルの崩壊により、サブプライムローンの焦げ付きが増加し、格付会社がそれを組み入れた証券化商品を格下げしたことで巨額の評価損が発生しました。その結果、それらを大量に保有していた欧米の金融機関で、数十兆円とも言われる天文学的な損失が表面化したのです。

＊ **CDO**　　Collateralized Debt Obligation の略。
＊ **CP**　　　Commercial Paper の略。
＊ **RMBS**　Residential Mortgage Backed Securities の略。

7-5
流動性リスクの事例

債券などの金融商品には流動性リスクというリスクが存在します。これは市場リスクとも呼ばれ、市場における売買が円滑に行なわれなかったことにより、期待していた収益が得られなくなるリスクのことです。

▶▶ 国債の流動性は高い

債券などの金融商品は、いつでも売りたいときに売れて買いたいときに買えるかどうかという点が重要です。国債のように流動性に優れているものであれば、通常は適正な水準で必要な金額を売買することが可能です。

それに対し、発行額の少ない債券などは希望する価格で売れなかったり、買い手が見つからないといったことが現実にありえるのです。国債でも発行額が比較的少なく、買い手が偏在していた15年変動利付国債や物価連動債では、なかなか買い手が出てこないなど**流動性リスク**の問題が生じたことがありました。また、取引の相手方に経営不安説が流れたり、システムが故障で停止したりするなど、なんらかの特殊事情によって決済が滞ってしまうリスクも流動性リスクと言えます。そのひとつの典型例として**リーマン・ショック**が挙げられます。

▶▶ リーマン・ショック

2008年9月のリーマン・ブラザーズ証券の破綻の際に、「正確な財務状況が確認されるまで既往契約に基づく決済を停止する」旨を発表したことで、約定済みの国債取引が一切履行されないという非常事態が発生しました。

この結果、リーマンが国債取引について引き起こしたデフォルトの規模は、2008年9月の予定分だけでも約7兆円規模に上ったのです。これによりリーマンと決済を予定していた相手先では、ポジション再構築、リーマンから引き渡しを受けられなかった国債の調達及びリーマンに引き渡す予定であった国債の売却処分を余儀なくされたのです。また、リーマンから引き渡しを受けなかったものについては、即日にその国債を調達することもできずフェイル*を余儀なくされました。リーマン・ショックのあった2008年9月において、累計で6兆円弱のフェイルが市場で発生しました。

---

*フェイル　当初予定していた決済日が経過したにもかかわらず、証券の受け渡しが行なわれていない状態のこと。

　リーマン破綻の経験を通じて、市場では、「破綻等のストレス時にモノ・金を予定通りに受け取れないリスク」（デフォルト・フェイルに伴う流動性リスク）が、概念上の存在に止まらない現実的なリスクとして、改めて強く認識されたのです（「リーマン・ブラザーズ証券の破綻がわが国決済システムにもたらした教訓」日本銀行資料より）。

　このリーマン破綻による国債取引への支障の経験により、国債市場において流動性リスクが現実に生じることが明らかになりました。この流動性リスクへの対応策のひとつとして検討されたのが、国債の決済期間の短縮であり、国債の決済日は、2018年5月1日から「T+1」に短縮されました。約定日から起算して、原則2営業日目の日に受渡し決済を行うことになったのです。

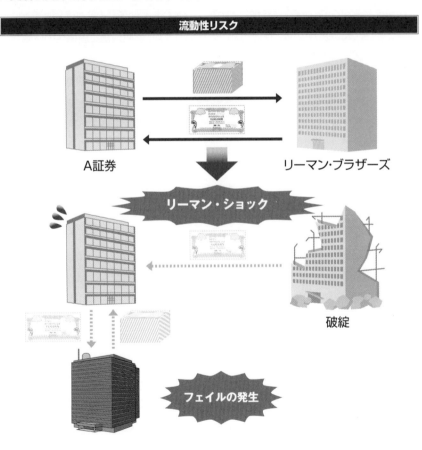

流動性リスク

A証券

リーマン・ブラザーズ

リーマン・ショック

破綻

フェイルの発生

7-6
国債のリスク

国内金融商品のなかにあって最も安全性が高いとされる国債ですが、この国債にも信用リスクは存在します。日本の金融市場の根幹を成す金融商品でもある国債だけに、その信用度は維持されなければなりません。

▶▶ プライマリーバランスとは

これだけ大量に発行されている国債が円滑に消化されているのは、私たちの預貯金や生損保や年金の資金などを経由しての買いで賄われていることに加え、財務省による国債管理政策などが有効に機能しているためですが、それ以上に国債への信認が維持されているという点が重要です。

国債の信用を維持するために必要とみられる政策のひとつが、**基礎的財政収支**の均衡、さらにその黒字化に向けての政府の姿勢です。基礎的財政収支とは**プライマリーバランス**とも呼ばれます。プライマリーバランスとは、国債費関連を除いた基礎的財政収支のことで、国債の利払いと償還費（国債費）を除いた歳出と、国債発行収入を除いた歳入についての財政収支です。プライマリーバランスがプラス（またはマイナス）の場合には、プライマリーバランスの黒字（または赤字）と表現します。

プライマリーバランスが均衡すれば、毎年度の税収等によって、過去の借入に対する元利払いを除いた毎年度の歳出を賄うこととなります。

借金の利回りと経済成長による運用利回りがほぼ同じになれば、新たな借金は利払費分だけ増えますが、経済規模（GDP）に対する借金の比率は増えません。

しかし、現在のように一般歳出が税収より大きくなると税収に加えて国債の発行による収入を充てることになるため、プライマリーバランスが赤字の状態が続きます。

▶▶ プライマリーバランスの黒字化

今後は少子高齢化が進むと予想されており、税収の伸びもそれほど期待できないため、さらに財政赤字幅が増加する懸念もあります。プライマリーバランスを保つためには大幅な歳出カットとともに、消費税などの増税による歳出歳入改革が必要とされます。それでもプライマリーバランスの均衡化は並大抵のことではありません。

そこまでしても、なぜプライマリーバランスを均衡させる必要があるのでしょうか。膨大な日本の国債残高は、いずれ国民の税金で返していかなければいけません。しかし、現在の国債残高をすべて短期間に返済することは現実的に不可能です。

ただし、日本政府に対する信認が続く限りは国債をすぐに償還せず、借り換えの繰り返しで、ある程度赤字財政を維持していくことは可能です。この持続可能性のことを「**サステナビリティ**」とも呼びます。

国の財政赤字を維持可能とさせるためには、プライマリーバランスを黒字化させ、国債残高そのものを減少させていく必要があるのです。政府は基礎的財政収支の黒字化を目指すこととしています。この目標の達成は難しいとの指摘もありますが、目標に向けての政策を維持することで、日本国債への信認は維持されていくものと思われます。

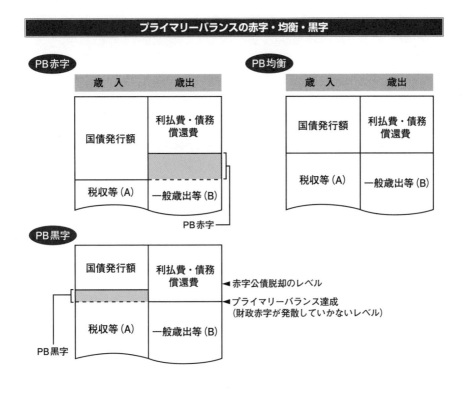

プライマリーバランスの赤字・均衡・黒字

第7章　債券投資のリスク

トラス・ショック

　2022年9月に英国でトラス・ショックが起きました。英国の通貨ポンドが対ドルで過去最安値を記録し、英国債が大きく売られたという出来事です。

　ジョンソン党首の辞任を受けて行われた保守党党首選挙で勝利し、2022年9月6日に首相に任命されたのがメアリー・エリザベス・トラス氏でした。英国で3人目の女性首相で、女王エリザベス2世に任命された最後の首相でもありました。

　トラス政権は1972年以来の大規模な減税を打ち出しました。クワーテング財務相は不動産購入時の印紙税を削減。個人や企業が直面する光熱費の高騰に対し、今後6カ月間で600億ポンド（約9兆5000億円）を拠出して支援することを確認。高額所得者に対する45%の所得税最高税率を廃止し、基礎税率も20%から19%に引き下げます。ロンドンの金融街のシティーに対する規制自由化も約束し、バンカーの賞与制限は撤廃しました。

　英債務管理庁（DMO）は23日、2023会計年度（2022年4月〜2023年3月）の国債発行額が1939億ポンドに増額されると発表。4月時点では1315億ポンドを計画していました。

　イングランド銀行は22日に0.5%の利上げ決定を発表し、保有する英国債の市場での売却を始めると発表しました。これを受けて英国債は22日に10年債利回りは3.49%と16日の3.31%から大きく上昇していたのですが、トラス政権の1972年以来の大型減税と国債増発を受けて、火に油が注がれた格好となり、英国債が急落しました。23日のロンドン市場では英国債の利回りが急騰。2年債利回りは前日より一時、0.4%あまり上昇して4%を上回り、2008年10月以来約14年ぶりの水準となりました。政府債務増への懸念とともに、減税策がインフレをさらに加速させかねないとの懸念も強まったのです。

　これをきっかけに英国の10年債利回りだけでなく、米国債の利回りも上昇圧力も加わりました。これについて「債券自警団」が戻ってきたと表現する向きもありました。英国の10年債利回りも、一時4%を超えてきたのです。

　10月に英国のトラス首相はクワーテング財務相を解任し、その後、トラス首相自らが辞任を表明しました。

債券先物などの
デリバティブ取引

デリバティブとは伝統的な金融取引である預金や借り入れ、そして債券、外国為替、株式などの取引による相場変動のリスクを回避するために開発された金融商品の総称です。先物やオプション、スワップなどの取引がこれに該当します。

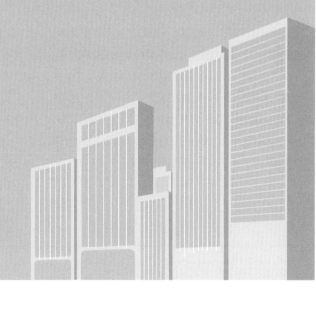

8-1
デリバティブとは

デリバティブとは伝統的な金融取引である預金、借り入れ、債券、外国為替、株式などの取引による相場変動のリスクを回避するために開発された金融商品の総称です。金融派生商品とも呼ばれています。

▶▶ デリバティブとは

デリバティブ（derivative）とは「派生した」「派生物」といった意味を持っています。つまり、債券や株式などの原商品に対する派生商品といった意味を持っており、「**金融派生商品**」とも呼ばれています。

デリバティブを商品別に分けると、短期金利から派生したもの、債券から派生したもの、また通貨から派生したもの、株式から派生したものなどがあります。

デリバティブの取引種類で分類すると主に**先物**、**先渡し**、**スワップ**、**オプション**の4つに分けることができます。先物にオプション機能を付加したような複合商品もあります。

金利関係では金利先物、FRA*（金利先渡し）、金利スワップ、そして債券先物、現物債のオプション取引といえる選択権付債券売買が代表的です。先物にオプション機能の付いた金利先物オプションや債券先物オプション、スワップにオプション機能の付いたスワップションなどもあります。

通貨関連では、通貨先物、通貨スワップ、通貨オプションに加え、複合商品である通貨先物オプションや、FXと呼ばれる外国為替証拠金取引などがあります。

株式関連では、株価指数先物、株価指数オプション、個別株オプションに加え、複合商品である株価指数先物オプションなどがあります。

金利と株価指数等を交換するエクイティ・スワップや債務と株式を交換するデット・エクイティ・スワップ、さらに信用リスクを売買するクレジットデリバティブもあります。

＊**FRA**　Forward Rate Agreement の略。

▶▶ 投機的な取引に活用される

　デリバティブに対して派生する元になる預金、債券、通貨などの商品は**原資産**(Underlying Assets) とか**原証券** (Underlying Securities) と呼ばれています。このようにデリバティブ商品は原資産ごとや取引種類ごとに多種多様であり、それぞれ利用者のニーズにあった商品が存在します。

　これらの商品は、世界的な金融市場の拡大や取引の複雑化に加え、リスクの高まりなどを背景に1970年以降、金融取引の重要なツールとして取引が開始され取引高は増加してきました。

　デリバティブ取引は元々、株、債券など原資産の価格変動リスクを抑えるために作られたものですが、実際に原資産を購入するよりも少ない資金で取引できるなど売買のしやすさなどもあって、投機的な売買も入りやすくなっています。特に**ヘッジファンド**と呼ばれる投資家が、このデリバティブ商品を使って頻繁に売買を行なっていることが知られています。

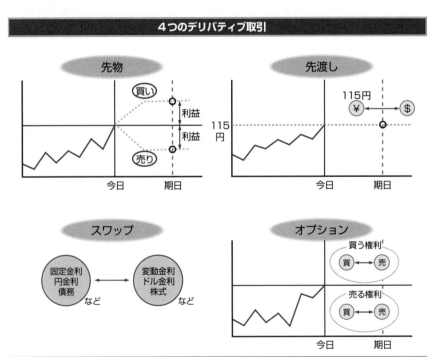

4つのデリバティブ取引

先物 — 買い／売り／利益／今日／期日

先渡し — 115円／¥→$／115円／今日／期日

スワップ — 固定金利 円金利 債務 など ←→ 変動金利 ドル金利 株式 など

オプション — 買う権利 買→売／売る権利 買→売／今日／期日

8-2
デリバティブ取引の特徴

デリバティブ取引を有効に利用することで、リスクを抑制することができます。また少ない金額で大きな金額の商品を動かすことができるのも、デリバティブ商品の特徴です。

▶▶ リスクヘッジの機能

デリバティブ取引の特徴のひとつとして、将来の取引を現時点で確定することなどによって、リスクを抑制できる点にあります。つまり、**リスクヘッジ**としての機能です。

たとえば債券の現物国債を保有している投資家が、金利が上昇すると予想したとすれば、今後、保有する債券の価格が下落する可能性が出てきます。その価格下落を回避するためには、その現物を売却して下がったあとで買い戻すことも考えられますが、保有していない期間に利子収入を逃してしまうことになります。さらに何兆円もの資金を運用している機関投資家などは、国債をすべて売り払ってしまうわけにもいきません。

そこで、債券のデリバティブ商品である債券先物を売るなり、現物オプション取引で売る権利であるプットオプションを買うなり、また金利スワップで支払いを行なうなど、デリバティブを活用することにより、現物の価格は下落したとしても、デリバティブ取引で利益を得ることで、ある程度の損失をカバーすることが可能になるのです。

さらに価格が下がってしまうリスクばかりではなく、将来、債券を購入しようと考える投資家にとって、価格が上昇してしまうリスクもあります。たとえば資金が入るのは1か月後とわかっている場合に、あとひと月も経つと長期金利は低下している可能性が高いと予想していれば、購入するタイミングでは債券価格が大きく上昇してしまっている可能性があります。

このような場合には、先に債券先物を購入するなり、コールオプション（買う権利）を購入するなり、金利スワップにおいて受けを行なうなどデリバティブ取引を行なうことによって、機会損失をカバーすることも可能となるわけです。

▶▶ レバレッジ、オフバランス、流動性向上

デリバティブの特徴として、**レバレッジ効果**と呼ばれるものもあります。レバレッジ とはその名のとおり梃子の作用のごとく少額の資金により、多額の原資産を売買した 場合と同じ大きな経済効果が得られるということです。デリバティブ取引で主に必要 とされる金額は、オプションであればオプション料となり、金利スワップであれば金 利の部分、先物であれば証拠金となります。これらは原資産の元本と比較すれば極め て小額です。

また、オフバランス取引であるという点も、デリバティブ取引の特徴です。伝統的な 取引と異なり、貸借対照表に計上されない取引であるということです。オフバランス 取引という用語は「**オフバランスシート取引**」、つまりバランスシートと呼ばれる貸借 対照表に計上されない取引のことです。**簿外取引**とも呼ばれています。

金融取引が活発化し、さらに高度化、複雑化したことに伴い、オフバランス取引は 急速に拡大してきました。このため、取引実態の的確、透明な情報開示を求め、ディス クロージャーを拡大・充実させる必要から、これらの取引は徐々にオンバランス処理 されるようになってきています。

デリバティブ取引には、流動性を向上*させるといった特徴もあります。現物取引に デリバティブ取引が加わることによって、それぞれの市場の間で裁定が働くようにな り、あらたな収益チャンスが広がることで売買高の増加が期待できます。

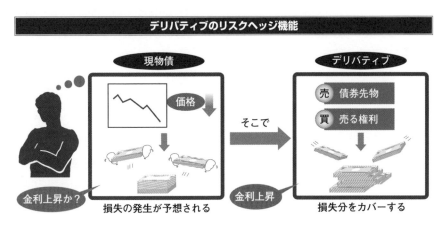

デリバティブのリスクヘッジ機能

現物債 — デリバティブ

価格 ↓

そこで

売 債券先物
買 売る権利

金利上昇

金利上昇か？

損失の発生が予想される — 損失分をカバーする

第8章 債券先物などのデリバティブ取引

***向上** 流動性が高くなることによって、たとえば債券先物などは債券価格の動きをみるうえでの指標的な役割とも なっている。

8-3
デリバティブ取引の歴史

デリバティブ取引のルーツは紀元前600年頃のアリストテレスの時代に存在していたと言われますが、本格的な金融派生商品が登場したのはシカゴの取引所でした。そのシカゴの取引所が参考にしたのが、江戸時代の大坂堂島での米先物なのです。

▶▶ シカゴから始まったデリバティブ

現在のかたちでのデリバティブ、つまり金融派生商品が登場したのは米国のシカゴにおいてでした。米国では19世紀に中西部の開拓が進み、穀物の取引が盛んになりました。ミシガン湖畔で海上交通上の主要地であったシカゴに穀物は集められ、この穀物の季節的な価格変動リスクを避けるために、収穫前に値段を決め収穫時に現物を受け渡す取引が盛んになり、1848年に世界初の先物取引所といわれる**シカゴ商品取引所**（CBT＊）が設立されました。ここでは、まず穀物に対する先物取引が行なわれ始めました。

ニクソン・ショックを経て、1972年にシカゴにあるもうひとつの大きな取引所の**シカゴ商業取引所**（CME＊）で通貨先物取引が開始されました。また、1975年にはシカゴ商品取引所で初めて金利先物が上場され、こののち金融の世界にもデリバティブ取引が世界的に広がって行くことになったのです。

1982年にシカゴ商業取引所で株価指数先物、株価指数先物オプション、さらにシカゴ商品取引所では債券先物オプションが導入されました。この頃、店頭取引として通貨スワップや金利先渡取引が行なわれるなど、現在行なわれているデリバティブ取引の多くがスタートしています。

日本では、1985年10月から戦後初の金融先物市場として長期国債先物取引が東京証券取引所で開始されました。1988年には東京証券取引所でTOPIX先物取引が、大阪証券取引所でも日経225先物取引が開始されました。その後、債券先物オプションや個別株オプションなども上場され、東京金融先物取引所（現**東京金融取引所**）では短期金利の先物の取引も開始され、金利スワップ取引も1980年代の後半から開始されました。こうして、現在のように日本でも金融デリバティブ取引が活発に利用されるようになったのです。

＊ **CBT**　Chicago Board of Tradeの略。
＊ **CME**　Chicago Mercantile Exchangeの略。

▶▶ 日本から始まった先物取引

　デリバティブ取引のひとつに先物取引がありますが、1848年にシカゴで始まった穀物に対する先物取引は、江戸時代における日本の大坂（大阪）における米の先物市場が参考にされたとも言われています。

　日本では1730年に、当時の江戸幕府によって公認された大坂の**堂島米会所**で「帳合米」と呼ばれる米の先物取引が行なわれ始めました。これ以前にも1568年に開設されたロンドンの取引所や1531年に開設されたベルギーのアントワープの取引所がありましたが、近代的な商品先物取引としては堂島米会所が世界最古と言われています。

　堂島米会所でも当初は米切手を使った現物取引（先渡し取引）が行なわれていましたが、18世紀初頭には建物米と呼ばれる標準米（いわば指標銘柄）を使った帳合米取引という差金決済の可能な取引が行なわれるようになり、1730年に世界で初めて差金決済方式による先物取引所である堂島米会所が誕生したのです。このように現在の取引所における先物取引の形態を兼ね備えた世界初の取引は、日本の大阪で生まれたのです。

堂島米会所跡の記念碑

8-4
債券先物取引

1985年10月に戦後初の金融先物として、長期国債先物取引が東京証券取引所に上場されました。これは国債の発行残高の増大にともなって、価格変動に対してヘッジする手段が求められたためです。

▶▶ 国債の先物取引のスタート

1970年代から徐々に国債の発行残高が増加し、銀行など金融機関は保有国債を市場に売却する必要が出てきました。金融機関が引き受けた国債は一定期間の売却制限が課せられるなど、売却したくても自由に処分ができなかったのです。債券市場が徐々に整備され、1985年6月からは本格的な銀行による公共債のフルディーリングが認められることとなり、国債を市場で自由に売買することが可能になりました。しかし当時はまだレポ取引などの貸借取引は整備されておらず、金融機関などが保有している国債の価格変動に対してヘッジする手段はありませんでした。

米国ではすでに先物取引が開始されており、日本でも国債の価格変動リスクをヘッジする手段として、1982年頃から**債券先物取引**の導入機運が高まり、1985年10月から戦後初の金融先物商品として、**長期国債先物取引**が東証で開始されたのです。

先物取引の特徴は売買単位や受渡期日などの取引条件が定型化され、一定の**証拠金**を差し入れるだけで売買ができ、反対売買（転売もしくは買い戻し）による**差金決済**によって期日以前に決済することができます。

長期国債先物に関しては、一定の条件を満たす現物国債での受け渡しが可能となっています。一定の条件とは残存7年以上の長期国債です。新規に発行された長期国債などでも受け渡しは可能ですが、なるべく割安な国債を渡した方が売り手には良いので、現在の金利水準では年限の最も短い残存7年の国債が使われることになります。このため債券先物は、受渡し可能な国債の一番割安なもの（チーペスト）に価格が連動する仕組みとなっています。

▶▶ 債券先物の特徴

　債券先物は限月と呼ばれる一定の受け渡し期日が設定されており、その期日は3月、6月、9月、12月と3か月ごとになっています。

　先物における証拠金は、取引所にその取引を保証するために預け入れる資金です。先物取引を行なう際には、この証拠金を預託すれば売買することが可能となります。これにより、たとえ現物を持っていなくても売りから入ることもできます。これを「**ショート**」と呼んでいます。反対に買いから入ることは「**ロング**」と呼びます。本来、先物とは現物取引で売りから入ることが容易ではなかったものを、ショートポジションから入ることを可能にして、価格の下落リスクを抑えることが、創設された際の目的のひとつとなっていました。

　ヘッジ以外に、相場の上げ下げを利用して売買益を上げるためのディーリングの対象商品としても利用されています。日本で最初の本格的な金融デリバティブ取引となった債券先物取引は、たいへん流動性が高いものとなったため、債券相場の値動きを見る指標のひとつとなっています。

　債券先物は現在は大阪取引所に上場されていますが、大阪取引所ではTOPIX先物や日経225先物の取引も行なわれています。また短期金利の先物取引は、東京金融取引所で売買されています。

第8章　債券先物などのデリバティブ取引

先物取引の仕組み

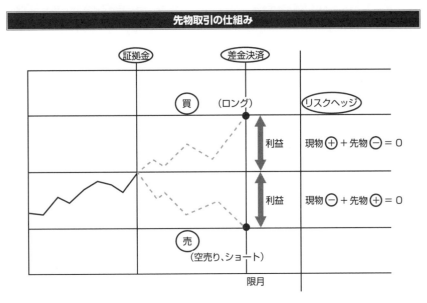

証拠金　　　差金決済

買　（ロング）　　　リスクヘッジ

利益　　現物 ⊕ + 先物 ⊖ = 0

利益　　現物 ⊖ + 先物 ⊕ = 0

売
（空売り、ショート）

限月

8-5
その他の債券に関わる
デリバティブ取引

債券取引に関わるデリバティブ取引としては、債券先物取引以外に売り買いの権利を売買するオプション取引や金利スワップ取引などがあります。

▶▶ オプション取引

オプション取引とは債券などの現商品を一定の権利行使日に、もしくはその期日までに特定の権利行使価格で買い付ける、または売り付ける「権利」を売買する取引のことです。

権利行使が満期の特定日のみに限定されているオプションを「**ヨーロピアンタイプ**」と呼んでいます。これに対して、オプション取引の開始日から取引最終日までの期間であれば、いつでも権利行使できるオプションを「**アメリカンタイプ**」と呼びます。

現在、日本の市場で取引されている**債券オプション取引**は、大きく分けて**上場オプション取引（先物オプション）**と**店頭オプション取引（現物オプション）**に分けられます。

債券取引に関しては、債券先物オプション取引が大阪取引所に上場されています。現物債のオプション取引と言える選択権付債券売買取引は、通常の債券売買と同様に店頭で取引されています。

オプション取引を利用することで、オプションの買方は少額の資金（**オプション料**とか**プレミアム**と呼ばれます）で買う権利を得ることが可能となります。仮に思惑どおりの相場展開とならずとも、オプションの買方は、権利行使をしなければ損失は当初支払った資金に限定されます。このようにオプションは少額資金で大きなリターンを得る可能性があるわけです。これは**レバレッジ効果**とも呼ばれます。

反対にオプションの売り方は、現物を保有していなくても資金を得ることができます。ただし相場がオプションの買い手に有利なものとなり、権利行使された際にはこれに必ず応じる必要があります。この際の損失は限定されません。

オプションには買う権利の売買、売る権利の売買があるとともに、権利行使価格も様々な設定が可能であり、複数のオプションを組み合わせて、現物取引にはない損益

パターンを作ることが可能となっているのも特色です。先物取引と同様に、オプション取引も価格変動リスクをヘッジする重要な手段となっています。

▶▶ スワップ取引

　債券取引に絡んだデリバティブ取引には**スワップ取引**もあります。スワップ取引とは、言葉の通り「交換する」という意味で、そのうち金利スワップの交換対象となるのは、将来にわたって発生する利子のキャッシュフローとなります。同じ通貨で異なるタイプの利子を交換するのが金利スワップです。たとえば固定金利と変動金利を交換することがスワップ取引によって可能となります。スワップにオプション機能の付いた**スワップション**と呼ばれる取引もあります。

　スワップ取引は将来の金利変動リスクを管理する手法として金融機関のあいだで急速に広まりました。現在では、市場でのリスクヘッジのみならず、企業の財務管理などにも用いられています。

　スワップの取引は取引所で行なわれる取引ではなく、現物債の売買と同様の相対取引となるため、年限や金額、金利の種類など様々な条件の組み合わせが可能となっています。

　金利スワップの取引の場合、今後金利の低下を読んで債券を買うことと同じ効果を持つ取引は、固定金利を受ける取引で「**レシーブ**」と呼ばれます。反対に金利が上昇し債券価格が下落しそうだと予想した場合には、固定金利を支払えばよく「**ペイ**」と呼ばれます。なお、いずれも固定金利の反対側としては、変動金利の受け払いとなります。

主なデリバティブ取引

	先物	オプション	スワップ
株式	株価指数先物	個別株オプション 株価指数先物オプション	エクィティ・スワップ
金利	金利先物 債券先物	金利オプション 債券先物オプション	金利スワップ 選択権付債券売買
通貨	通貨先物	通貨オプション 通貨先物オプション	通貨スワップ

仕組み債は、先物取引やオプション取引、スワップ取引といったデリバティブ取引などを通常の債券に組み込むことによって、投資家の複雑なニーズに合うように設計された債券です。仕組みが複雑かつ専門的なため、個人投資家にはお勧めできません。

▶▶ 債券にデリバティブを組み込んだ商品

仕組み債は、先物取引やオプション取引、スワップ取引といったデリバティブ取引などを通常の債券に組み込むことによって、投資家の複雑なニーズに合うように設計された特殊な債券です。たとえば利率や償還額が変動するのが特徴で、場合によっては償還期日が変更されたりもします。

日本では1994年1月以降の規制緩和によって仕組み債の発行が可能となりました。具体例としては、デュアル・カレンシー債、リバース・デュアル・カレンシー債（逆二重通貨債）とかステップアップ債もしくはステップダウン債、株価連動債、EB（他社株転換社債）といったものがあげられます。

購入する投資家の投資目的、投資期間、相場観、リスク許容度などに応じてオーダーメイドすることが可能となっている半面、デリバティブが組みこまれていることなどから、原則として途中売却できないといったものが多く、また、売却可能だとしても売却先は仕組み債を組成した証券会社に限定されるようです。

ここで気をつけなくてはならないことは、出来上がった仕組み債は投資家にとって都合の良いかたちとなっているかもしれませんが、デリバティブなどが組み入れられている以上、そこには通常の債券とは別途のリスクが内在しているということです。

▶▶ 仕組み債のしくみ

証券会社にとって、普通に国債や社債を売っていたのでは、大きな手数料収入をあげることは難しいのが実情です。そこで仕組みを組成することで手数料が得られるうえ、投資家の投資目的に応じた商品がオーダーメイドできるため、仕組み債はなかなか都合が良い商品なのです。

ところが、このような仕組み債は投資家サイドから見た場合には、手数料の取られ

方がやや理解しづらく、商品内容に不透明な部分が存在していることも確かです。ある意味、それだけ厚い手数料を稼ぎやすいということが販売側にはあるわけです。もちろんすべての仕組み債がそうであるということではありませんが、一部の証券会社にとっては、仕組み債販売が大きな収益源であることも確かなのです。

　そもそも仕組み債は、デリバティブによる複雑な取引手法を組み合わせてはいますが、ひとつひとつ分解してゆくと、最終的には単純な原商品とデリバティブのリスク・リターンの組み合わせに辿りつくことになります。

　商品を作っている証券会社などは、デリバティブに関わるヘッジを行なったうえで、なおかつ手数料が取れる仕組みとしており、こういったコストを考えると、理論上は原資産のリスク・リターンより有利なものになるとは考えづらいものになっています。しかし、それでも会計上目先の利益が欲しいといったニーズが存在しているために、仕組み債が法人や富裕層にも売れているのが現状です。この点は個人もしっかり把握して、表面上の有利さだけに目がいかぬようにする必要があります。

　たとえば、個人向けの仕組み債として、株価連動債というものがあります。これは債券と株式オプション取引などを組み合わせて組成される債券で、償還時や投資期間中の日経平均株価などの株価指数が一定水準（**ノックイン価格**という）以上であれば、額面価格で元本が償還され、かつ高い利回りが約束されます。これは債券に株価指数に絡んだコールオプションの売りを絡ませたものです。つまりコールの売りによって一定のオプション料が手に入るため、それを利息として上乗せできるのです。その代わり、株価が下落してコールオプションが行使されてしまった際には、そのときの株価で計算された価格で償還されるために大幅に元本を割り込むことになるのです。

第8章　債券先物などのデリバティブ取引

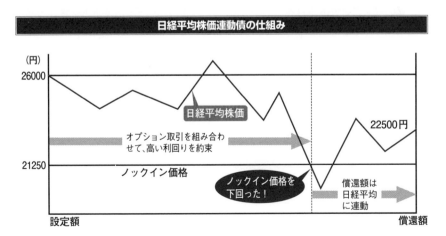

日経平均株価連動債の仕組み

（円）

26000

21250

日経平均株価

オプション取引を組み合わせて、高い利回りを約束

ノックイン価格

ノックイン価格を下回った！

22500円

償還額は日経平均に連動

設定額　　　　　　　　　　　　　　　　　　　　　償還額

8-7
証券化商品

債権や債務を有価証券化することによって市場での流動性を高め、幅広い投資家に販売するものが証券化商品と呼ばれます。証券化商品は米国のサブプライムローン問題で一躍、脚光を浴び、そのリスクを顕在化させました。

▶▶ サブプライムローン問題

米国のサブプライムローン問題で一躍、脚光を浴びたかたちの**証券化商品**ですが、その目的は債権や債務を有価証券化することによって市場での流動性を高め、幅広い投資家のニーズに応えることにあります。

たとえば**ABS***（**資産担保証券**）と呼ばれる商品があります。これは企業が保有する様々な資産を裏付けにして発行される証券です。企業が保有している不動産や各種の貸付債権、リース債権、売掛債権など、特定の資産を裏付けに、その資産から生じるキャッシュフローを原資として発行される証券です。

資産担保証券を発行するには、資産を企業から分離するために、一般的に**SPC***（**特別目的会社**）と呼ばれる組織を設立します。企業は保有する資産をそのSPCに譲渡し、SPCは譲渡された資産のキャッシュフローを裏付けにして証券を発行し、その証券を投資家に販売します。

従来であればサブプライムローンのような場合は、貸し手である金融機関が、そのリスクを背負っていたのですが、証券化商品市場が拡大したことから、金融機関は容易に元のリスクを分散させることが可能となったのです。そのために使われたのが、そのローンを担保にした証券を発行し、それをリスク・リターンに応じて複数の証券に分離し、数多くの投資家に転売するという仕組みなのです。

証券化商品を円滑に販売するためには、格付会社による評価としての格付けが不可欠なものでした。リスクを様々にバラバラにしたことで、そのなかの理論的にリスクが低い部分については、極めて高い格付けが付与されていました。証券化商品を発行した金融機関は、この格付けをもとにして証券化商品の価格を算出していたのです。

このように、裏付資産のリスクを細分化することで、結果としてはリスクを広範囲にばら撒いてしまう手法と言えます。もちろんトータルのリスクが軽減するわけではあ

---

* **ABS**　Asset Backed Securities の略。
* **SPC**　Special Purpose Company の略。

りません。このことがサブプライムローン問題が広く波及する要因となりました。つまり、リスクがどこに存在しているのかを、誰も確認できなくなってしまったのです。

複雑化することでリスクの所在が不透明に

証券化の仕組み自体は時代のニーズに即したものであり、金融市場にとって必要不可欠なものとなりつつあります。しかしそこに内在された問題のひとつであるリスクの所在を広く曖昧にした結果が、サブプライムローン問題で顕在化したとも言えます。

住宅ローンを裏付けにした証券が、**住宅ローン担保証券、RMBS***と呼ばれるものです。さらにRMBSを含むさまざまな金銭債権を組み入れて証券化したものが**債務担保証券、CDO***と呼ばれるものです（デリバティブを活用してシンセティック*にリスクを負ったものを「**合成債務担保証券**」という）。CDOへの組み入れが広く行なわれた結果、さらにリスクの所在は広がり、問題が複雑化することとなります。

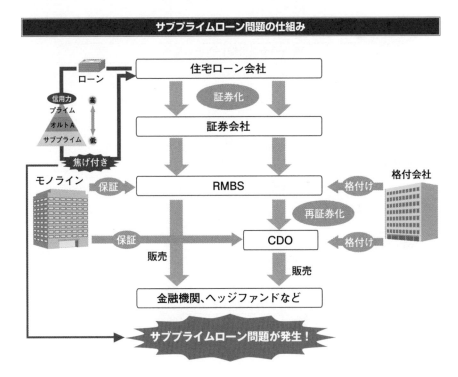

サブプライムローン問題の仕組み

---

* **RMBS** Residential Mortgage Backed Securities の略。
* **CDO** Collateralized Debt Obligation の略。
* **シンセティック** synthetic。合成の意。

　米住宅バブルの崩壊により、サブプライムローンの焦げ付きが増加しました。格付会社がサブプライムローンを組み入れたRMBSやCDOを格下げしたことで、それらを保有していた欧米の金融機関での巨額な損失が表面化したのです。

　それが2008年9月のリーマン・ブラザーズの破綻を招き、これが世界的な金融危機の引き金となったのです。

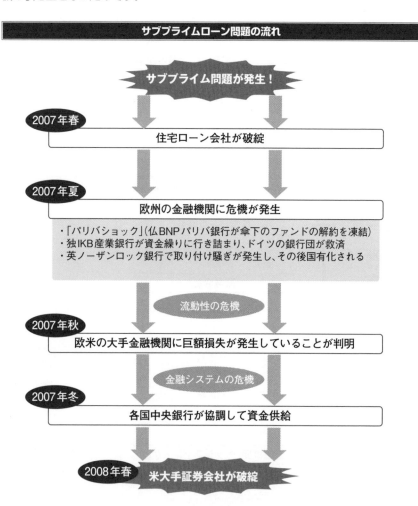

個人向けの債券の特徴

債券は主に機関投資家が保有していますが、個人も債券を購入しています。債券の購入層を拡げるために、国債では個人向け国債や個人向けに新型窓口販売方式による国債の販売が行われています。

個人向け債券とは何か

債券の中には、個人向けに販売されている債券があります。最も有名なものとして個人向け国債があります。また個人向けの地方債、個人向け社債などがあります。

▶▶ 個人向け国債が生まれた理由

そもそも何故、個人向けの債券が発行されているのでしょうか。それは発行している側の思惑と、購入する側の事情が関係しています。まず、個人向けの債券として代表的な**個人向け国債**ですが、これは日本では多額の国債が発行されるようになり、その販売の裾野を少しでも広げるために発行されたものです。

日本における個人の占める国債残高に対する割合は1.2%（2023年3月末現在）程度に過ぎず、欧米諸国に比較してかなり低いのです。欧米ではすでに個人向け国債が発行されており、それが個人シェアの拡大に繋がっていました。米国では個人向け国債のことを貯蓄国債と呼んでいますが、貯蓄の一環として国債を個人が買い付けているのです。

個人は金融機関などの機関投資家と違って、頻繁に国債を売買するようなことをしません。その点、安定した投資家とも言えます。国債の安定消化のための裾野を広げるためにも、個人の国債保有比率を上げることは国債を発行している財務省にとっても宿願でもあったのです。そうして2003年3月10日に、日本で初めて個人向け専用の国債が発行されました。これにはペイオフ解禁や、郵貯の定額預金の受け皿としての期待も背景にあったと言われています。

以前にも国債の個人消化を促進するためにいろいろと施策は講じられていました。たとえば国債引受シンジケート団（2006年3月末でこの制度は完全に廃止されました）のうち証券会社の引き受け分は個人販売向けという目的となっていました。また税制面でも特別マル優制度といったものも設けられていたのですが、それでもなかなか個人による国債の購入は伸び悩んでいたのです。

　その一方で、金融債には個人の資金がかなり流れ込んでいたように、決して個人は債券投資そのものを敬遠してきたわけではありませんでした。また、直接国債を購入するのではなく中期国債ファンドという投資信託を経由しての間接的な国債投資も個人は行っていました。しかし、バブル崩壊後の金融機関の再編などもあり、割引金融債などの発行はなくなり、また中期国債ファンドも2001年の元本割れなどにより残高は減少していきました。

▶▶ 個人向けの債券が人気に

　2002年3月に個人向けの地方債の発行が開始されました。個人向け地方債が発行された1年後に個人向け国債が発行されました。そして、2007年10月から新型窓口販売方式による国債の販売が行なわれています。

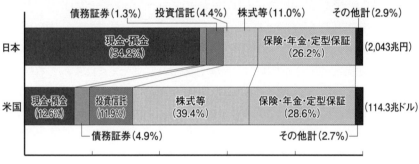

家計の資産構成（2023年3月末）

債務証券（1.3%）　投資信託（4.4%）　株式等（11.0%）　その他計（2.9%）

日本　現金・預金（54.2%）　保険・年金・定型保証（26.2%）　（2,043兆円）

米国　現金・預金（12.6%）　投資信託（11.9%）　株式等（39.4%）　保険・年金・定型保証（28.6%）　（114.3兆ドル）

債務証券（4.9%）　その他計（2.7%）

金融資産合計に占める割合（%）

＊「その他計」は、金融資産合計から、「現金・預金」、「債券」、「投資信託」、「株式・出資金」、「保険・年金準備金」を控除した残差

出所：日本銀行「資金循環統計」

9-2
個人向け国債の種類

個人向け債券の代表格が個人向け国債ですが、この個人向け国債は流動性リスクや価格変動リスクがないという特殊な債券であり、最低保証利率も設けられています。

▶▶ 個人向けの国債として発行

個人向け国債には3種類あり、四半期ごとに発行される変動金利タイプの10年債と固定金利タイプの5年債、さらに固定金利タイプの3年債があります。

このうち変動金利タイプの10年債は利率が半年毎に実勢金利に応じて支払われますが、5年債と3年債は償還までの利率が固定されています。変動10年の各利払期における適用利率(年率)は、基準金利*に0.66を掛けた値(0.01%刻み)です。固定5年は基準金利から0.05%を差し引いた値(0.01%刻み)です。固定3年は基準金利から0.03%を差し引いた値(0.01%刻み)となっています。ただし、それぞれ最低保証利率の0.05%が設定されているため、これ以下にはなりません。

この3種類のタイプはすべて発行から1年経過すれば途中換金が可能です。一定期間の利子相当額が差し引かれますが、元本で政府が買い取ってくれます。これがかなり重要なポイントです。つまり価格変動リスクと流動性リスクがないという極めて特殊な債券なのです。ただし、この利点がある代わりに1年間は途中換金ができず、通常の国債に比較して金利が低く抑えられています。

▶▶ その他の個人向け国債

個人向けとして2007年10月から新型窓口販売方式による国債の販売が行なわれています。これは期間が2年、5年、10年の固定金利型の国債で毎月募集・発行されます。すべて固定金利型となっていることで、発行時に決定された利率は、償還時まで変わらず、半年ごとに決まった利子が支払われ、額面金額で償還されます。購入最低額面単位は5万円から可能で、5万円の整数倍単位での購入となります。

---

*基準金利　10年変動は利子計算期間の開始時の前月に行なわれた10年固定利付国債の入札における平均落札価格を基に計算される複利利回り。固定5年と3年の基準金利は、市場実勢利回りを基に計算した期間5年と3年の固定利付国債の想定利回り。

　新窓販国債は毎月購入が可能です。新窓販国債は一定期間は中途換金が制限される個人向け国債と異なり、発行後いつでも市場価格での売却が可能です。ただし、個人向け国債のように元本で政府が買い取る仕組みにはなっていません。また最低金利保証もありません。

　2016年1月に日銀がマイナス金利政策を導入したことにより、10年を超える国債の利回りがマイナスとなったことで、すでに販売が停止されていた2年債や5年債に加え、10年債も2016年2月募集分から販売が停止されました。2年債は2014年11月から、5年債は2015年9月から募集をやめていました。

　その後、2017年2月から10年債の販売が再開され、2022年10月からは5年債の販売が再開されています。ただし、5年債は2022年11月、2023年6月は金利水準が低すぎたことなどから、販売が一時中止されました。2年債については2023年9月現在、販売は再開されておりません。

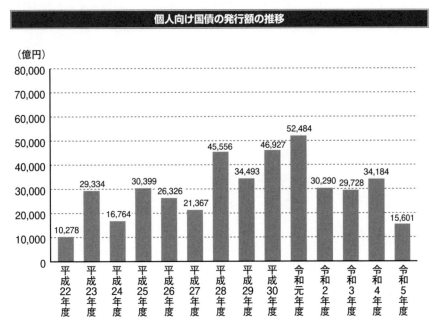

個人向け国債の発行額の推移

（億円）

出所：財務省ホームページ

第9章　個人向けの債券の特徴

9-3
個人向けの地方債や社債

個人向けの債券には、国債以外でも個人向け地方債や個人向け社債があります。これには超低金利状態が続き個人も少しでも利子の高い債券に資金を振り向けていることも背景にあるようです。

▶▶ 個人向けの地方債

個人向け債券には国債以外にもいくつかの種類があります。地方債や社債にも個人専用の債券を発行しているところがあります。特に個人向けの地方債としては**住民参加型市場公募地方債（ミニ公募地方債）**と呼ばれる債券が発行されていました。

ミニ公募地方債は、これまで法人主体に発行していた地方債に対して、消化の裾野を個人に広げようと企画されたもので、地方公共団体にとっては資金調達手法の多様化が図られるとともに、住民の行政への参加意識の向上も意識されたようです。

公募地方債は、総務省から毎年初めに公表される地方公共団体しか実際のところ発行できませんが、このミニ公募地方債はすべての地方公共団体で発行することが可能です。さらに、ミニ公募地方債はその発行のための対象事業を明確にしていることもポイントになっています。

ただし、ミニ公募地方債は日銀によるマイナス金利や長期金利コントロールなどの影響で一時、発行休止が相次ぎました。しかし、2023年7月に神戸市が5年物の「こうべSDGs市民債」を発行するなど、国債利回りの上昇などから発行が再開されています。

▶▶ 個人向け社債

さらに、一般企業の資金調達手段となっている社債の販売先を個人に限定した「**個人向け社債**」も発行されています。社債にもいろいろな種類がありますが、個人向け社債についてもいくつか種類があります。**SB**（ストレートボンド）と呼ばれる普通社債は満期が設定され、当初決められた利率（固定利付き）が満期まで変わりません。これに対して個人向け劣後債や個人向けの仕組債と呼ばれるものがあります。

　企業が発行する個人向けの普通社債は発行の単位が小口化され、個人でも購入しやすくなっています。また大手銀行なども個人向け社債を発行しています。社債を発行する会社の信用度に応じて利率は高くなります。人気化した個人向け社債には即日完売となるものもあるようです。

　2022年度は個人向け社債の発行額が2兆2162億円で、過去最高額となりました。海外の金利上昇や国内の物価高を背景に日本の国債利回りも多少なり上昇したことにより、個人向け社債の利率は高くなっていたことも背景にありました。ソフトバンクなどの一部企業が個人向け社債の多額の発行を行ったことに加え、資金調達手段の多様化を模索した企業によって個人向け社債が改めて見直された可能性もありました。

住民参加型市場公募地方債の事例

発行団体	名称	発行日	発行額（億円）	償還期間	応募者利回り	発行価格	対象事業
福島県	第5回ふくしま復興・創生県民債	令和5年5月31日	15.0	5年満括	0.280%	100円00銭	ふくしまの復興・創生に向けた、県立農業短期大学校や社会福祉関係施設、復興道路の整備等
神戸市	神戸市令和5年度こうべSDGs市民債	令和5年7月28日	25.0	5年満括	0.240%	100円00銭	里山活性化事業（神戸登山プロジェクト「こうべハーベスト」の利用促進等）、生物多様性（生態系を活用した水質浄化機能の導入等）、気候変動への対応（ため池防災対策等）、効率的なエネルギー（電気自動車の導入等）
埼玉県	埼玉県第1回公募公債	令和5年8月29日	10.0	10年満括	0.782%	100円00銭	埼玉版流域治水対策の継続と深化、治山施設・保安林の整備、身近な緑の保全、森林の循環利用の促進、森林管理道や作業道の整備促進等
兵庫県	兵庫県県市町共同公募債（ひょうごグリーン県民債）	令和5年8月31日	20.0	5年満括	0.280%	100円00銭	庁舎・公共施設等の照明のLED化、空調設備の更新、従来比省エネ性能の高いごみ処理施設の整備、公共施設の緑化、電気自動車等の導入、充電設備の導入、ため池防災対策等

出所：地方債協会ホームページ

9-4
個人向けの外債や仕組み債

個人向けの外貨建て債券もいろいろな種類のものが発行されていますが、注意すべき
は為替の変動リスクです。また、個人向けの仕組み債については内在するリスクについて
理解できなければ、手を出すべきものではありません。

▶▶ 個人向けの外債や仕組み債のリスク

　個人向けの外貨建て債券もいろいろな種類のものが発行されています。たとえばブ
ラジル、トルコ、ロシア、オーストラリアなどの通貨建ての債券は、人気となっている
ものもあります。債券を購入する際には、その発行体の格付けをチェックすることが
大事ですが、個人向け外債に関しては国際機関などが発行体となり比較的格付けは高
くなっています。そして利率についても、オーストラリアドル建てであれば、オースト
ラリアの金利が適用されることで日本の金利に比べればたいへん高いものとなってい
ます。単純に日本の債券より金利が高いからと納得するのではなく、現地の利率など
もチェックして比較も必要となります。さらに高利回りはそれだけリスクが高いとみ
ておくことも大事です。

　個人向け外債の最大の問題は為替リスクです。高利回りのため、その通貨価値がか
なり下落しなければ元本を毀損するには至らないことも確かですが、それでもドルや
ユーロ、円などに比べ流動性は少なく、何かしらの要因で大きくその通貨が変動する
可能性があります。このため、その通貨の動向をチェックできない人は手を出すべき
でないと思われます。個人向け外債を購入する際には、円安・円高とは何か、そもそ
も為替は何で動くのかを理解してから臨むべきです。為替の知識なしに外債にはお金
を投じるべきではありません。高利率に惑わされず、その対象通貨が、今後よほどの
ことがない限り下落はないとの自信がある場合に限って、購入しても良いものです。

▶▶ ハイリスクなデリバティブ

　個人向けの仕組み債については、一般の社債に比べ、高格付け・高利回りであるこ
とが多く、とても魅力的にみえます。ただし、利率の高さだけで購入を判断するのはた
いへん危険です。

　これらの仕組み債は、何かしらの条件付きで利子が高めに設定されているものです。その条件をしっかり確認することが重要で、利率の高さもそのリスクに見合ったものであるのかを確認することが必要です。そのリスクそのものが理解できれば問題ありませんが、よくわからないようであれば、仕組み債に手を出すのはやめましょう。現在の超低金利時代にあって、極端に通常のものよりも有利な金融商品というものはありません。

　仕組み債がなぜ高格付け・高利回りを達成できるかというと、仕組み債に組み込まれたオプションなどのデリバティブに秘密があるのです。デリバティブに仕掛けられた時限装置が働かなければ、それなりに高い利子を享受できますが、何かがあったときには損失が桁違いに膨らむことがあるのです。そのリスクを完全に理解するには、オプションなどへの理解とともにリスクに見合った条件設定なのかも見分ける必要がありますが、これはプロでもなかなか難しい判断となります。個人には難しいだけでなく、大きな損失を被る危険性があるため、あまり推奨はできません。

仕組み債の仕組み

　個人向けの仕組み債として株価連動債というものがある。これは債券と株式オプション取引などを組み合わせて組成する債券で、償還時の日経平均株価が一定水準以上であれば額面価格で元本が戻り、かつ高い利回りが約束される。これは、債券に株価指数に絡んだコールオプション（買う権利）の売りを絡ませたものだ。コールの売りは一定のオプション料が手に入るため、それを利息として上乗せできるため、高い利回りにすることができる。その代わり、コールが行使されてしまった際には、その時の株価で計算された価格で償還されるために、大幅に元本を割り込むリスクが生じる。

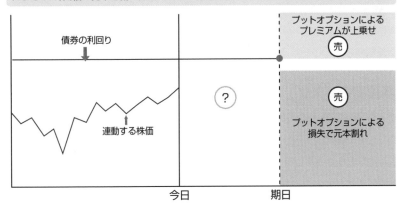

9-5
個人による債券投資の注意点

個人が債券を購入する際には、信頼できる金融機関から購入すること、その債券がどのような種類であるのか確認すること、利率とリスクが見合っているか判断すること、そして償還まで持ちきることなどが重要なポイントになります。

▶▶ 債券をめぐる詐欺事件にも注意

東京都新宿区の82歳の男性医師が架空の社債購入を持ちかけられ、現金9360万円をだまし取られていたとの事件がありました。2011年4月に男性宅に「株式会社アドバンスエレメント」という架空会社の社債販売の案内パンフレットが届き、その後、関連会社の社員を名乗る男から「その社債は新宿区の個人しか買えない。1千万円で購入すれば1500万円で買い取る人がいる」と持ちかけられたそうです。

以前には東京都江戸川区の17歳の男子高校生が、架空の社債購入を持ち掛けるなどして2千万円をだまし取るという詐欺事件も発生しましたが、未公開株などとともに個人向けの社債を巡る詐欺事件が結構発生しています。

私も一度、「病院債」を買わないかとの電話セールスを受けたことがあります。さすがにすぐに危ないと思い電話を切ってしまったのですが、これも間違いなく詐欺だと思われます。国民生活センターのサイトによると、勧誘時に「医療機関債」のほか「病院債」、「医療債」、「病院への投資」などという言葉が用いられている詐欺が多発しているようです。「医療機関債は国債と同じで、元本割れすることのない安全な商品である」「人工透析ができる医療機関にお金を出せば、高い利息が付く」などと、預貯金や国債と同じであるといった、事実と異なる説明や、高利率であることだけを強調するなどの問題勧誘が見受けられるそうです。

▶▶ 債券投資のリスク

個人が債券を購入する際には、証券会社や銀行などの窓口か、名前の知れたネット証券などから購入すべきです。さらにその債券が、どのような性質のものであるのかをしっかりとチェックしましょう。利率が高いというだけで判断するのではなく、それの背景にあるリスクについて確認する必要があります。

もちろん発行体の信用力を格付けなども目安にして確認することも重要です。普通社債でも発行体の格付けが低いと利率の高いものがあります。格付けが低いものはなるべく期間の短いものを購入することも必要です。

そして、個人向け債券を購入する際には、原則として償還まで持ちきることを前提としてください。個人向け国債は流動性リスクと価格変動リスクはありませんが、それ以外の債券は売りたいときに売れるかという流動性リスクと、途中売却の際に相場動向によって価格が変動するリスクがあります。特に個人向けの債券は国債以外は流動性がたいへん低く、ほとんどの場合に販売した証券会社などに買い取ってもらうことになると思います。個人向けの債券はどうしても小口の取引になるため、証券会社は在庫で抱えざるを得なくなり、手数料相当分を含めて買い取り価格もかなり低くなってしまう懸念があります。償還まで持ちきれば、このようなリスクはありません。

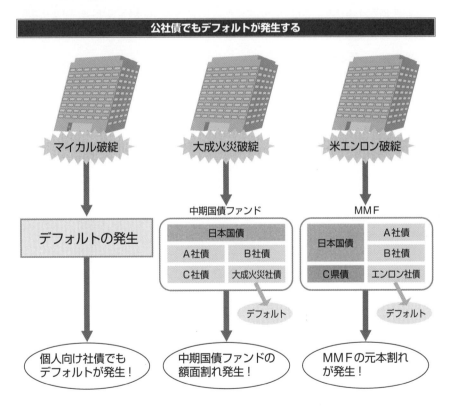

公社債でもデフォルトが発生する

▶▶ 金融商品取引法

　投資性のある金融商品の販売方法を包括的に規制するための「**金融商品取引法**」が2007年9月30日に制定されました。金融商品ごとに縦割りの法律で行なっていた規制を改めて、元本割れの可能性がある金融商品の規制を、もともと存在した証券取引法を土台として横断的に一本化し、投資家保護に役立てるのが狙いです。

　金融商品取引法の内容の中には、投資商品の特徴を理解できた顧客にしか販売してはならないという「適合性の原則」を掲げたうえで、販売する金融商品取扱い業者に顧客への商品説明書の事前交付や商品リスクの説明を義務付け、十分な説明を怠れば行政処分を科すといったことが含まれています。

　しかし、不必要に規制を強化することは、市場化や自由化に逆行し、かえって投資への流れを阻害することにもなりかねません。このためには、個人投資家に対する金融経済教育の充実も求められます。その上で投資に対しての自己責任を浸透させることが必要になるものと思われます。

　投資商品には、債券や株式、さらに投資信託といったものばかりでなく、証券化商品などもあります。販売する金融機関には様々な商品が有するリスクについて説明責任がありますが、個人も投資家として債券を購入する際には必要最低限の知識を自ら得ておく必要があります。

第10章

債券の歴史

日本で戦後初めて国債が発行されたのが1966年の1月でした。その後国債の発行は膨らみ続け、1985年の債券先物の登場などをきっかけに債券市場の流動性が向上し、市場が整備されてきました。しかし、2016年9月の日銀の長期金利コントロールによって債券市場の機能が低下してしまいました。

10-1
戦後初の国債発行

戦後、初めて国債が発行されたのは1966年の1月のことでした。それは1964年の東京オリンピックに向けての公共投資などの反動による「昭和40年不況」が要因となりました。

▶▶ 高度経済成長の時代

1955年あたりから日本経済は高度経済成長の波に乗り、好景気が1964年まで続きました。1955年から1957年にかけて、「神武景気」と呼ばれた大型景気を迎えたのです。1955年に出された経済白書には「もはや戦後ではない」と表記されていました。

その後「なべ底景気」と言われる景気減速を経て、1959年ごろから再び景気が上向き、今度は「岩戸景気」と呼ばれた好景気が続きました。「投資が投資を呼ぶ」とも言われ設備投資が景気を引っ張り上げていきました。この「岩戸景気」は42か月にも及ぶ持続的な景気となり、1960年に実施された池田勇人内閣による「所得倍増」をスローガンとした高度経済成長政策も日本経済の追い風になったのです。

そして1963年には、翌年の東京オリンピックを控えて公共投資が活発化しました。夢の超特急と言われた東海道新幹線や首都高速道路、東京モノレール、そして黒四ダムといった大型の公共工事が次々に行なわれたのです。

▶▶ 戦後最初の国債発行

しかし、東京オリンピックが始まった1964年10月ごろから景気は後退局面に入りました。すでに中小企業の倒産が増加しており、株価も下落、企業収益も減りつつあったのですが、それが顕在化したのが1964年の後半だったのです。1965年に入ると、サンウエーブや山陽特殊製鋼など大手企業の破綻が相次ぎました。株価も急落し続け、信用不安も広がりをみせていました。信用不安については、山一證券への日銀法25条に基づく無担保・無制限の特別融資（**日銀特融**）が実行されたことでなんとか収まったのですが、株価の下落はさらに続きました。

　これがのちに「昭和40年不況」と呼ばれるもので、金融緩和も効果がなく、結局、公共事業が促進されることになり、戦後初めてとなる「国債発行」が準備されたのです。

　1965年7月、佐藤栄作首相、福田赳夫蔵相のもと、政府は財政投融資の増額と、「**特例国債**（赤字国債）」発行を内容とする補正予算を決定しました。同時に、1966年度の予算編成における「**建設国債**」の発行も決定したのです。

　このように戦後初めての国債発行には、日本で初めて行なわれたオリンピックである東京オリンピックが少なからず影響していたようです。これによって景気は回復に向かいました。しかし、これ以降も国債は発行され続けられます。国債発行や大型減税などによる財政政策が、次第に景気対策の中心手段になったためでした。国債発行そのものが財政に組み入れられていくようになり、それが結果として現在の膨大な国債発行残高に繋がっていくのです。

戦後経済の主な出来事

年	出来事	景気の状況
1947年（昭和22年）	農地改革	特需景気（50〜52年）　神武景気（55〜57年）
1949年（昭和24年）	ドッジライン	
1958年（昭和33年）	なべ底不況	
1960年（昭和35年）	所得倍増計画	岩戸景気（59〜61年）
1965年（昭和40年）	40年不況	いざなぎ景気（65〜70年）
1969年（昭和44年）	GNP世界第二位に	
1971年（昭和46年）	ニクソン・ショック	
1973年（昭和48年）	変動相場制への移行	
1974年（昭和49年）	第一次石油ショック	
1979年（昭和54年）	第二次石油ショック	
1985年（昭和60年）	プラザ合意	平成バブル景気（86〜91年）
1987年（昭和62年）	ブラック・マンデー	
1989年（平成元年）	消費税導入	
1997年（平成9年）	金融システム不安	失われた10年
1999年（平成11年）	ゼロ金利政策の導入	ITバブル
2001年（平成13年）	量的緩和政策の導入	
2003年（平成15年）	りそな銀行実質国有化	戦後最長の景気拡大（02〜09年）
2006年（平成18年）	日本郵政株式会社発足	
2008年（平成20年）	リーマン・ショック	
2011年（平成23年）	円が戦後最高値を更新	
2013年（平成25年）	量的・質的金融緩和政策の導入	アベノミクス
2016年（平成28年）	マイナス金利政策の導入　長期金利コントロールの導入	

第10章　債券の歴史

10-2
オイルショック後の国債大量発行

戦後の国債発行の増加に大きく関わったものとして1971年のニクソンショックがあります。さらに1973年のオイルショックによって、財政・金融両面において極めて強力な総需要抑制策が実施され、国債が大量に発行されるようになりました。

▶▶ 国債増発時代へ

1971年8月15日に、当時のニクソン米国大統領は、米国の国際収支の赤字を削減してドルの流出を防ぐ目的により、外国の通貨当局に対してドルと金との交換停止を通告しました。いわゆる**ニクソンショック**です。これによって、戦後続いてきたドルを基軸通貨とする固定相場制（ブレトンウッズ体制という）は終了し、1ドル360円の固定相場制から**変動相場制**に移行したのです。

欧州各国が変動相場制の対応に追われるなか、日本は輸出企業を守るために、円レートを守ることを最優先課題としました。その結果が、大量の国債発行による内需拡大と極端な金融緩和の実施となりました。1971年度の国債発行額は1兆円の大台に達しました。

1972年1月からは、それまでの7年満期の国債から10年満期の国債が発行されるようになりました。7月には日本列島改造論を提唱した田中角栄が総理大臣に就任し、積極的な財政金融政策を提唱し、この結果、1972年度の国債発行額はさらに増加し1兆9,500億円あまりに膨らんだのです。

▶▶ オイルショックの発生

1973年10月、第4次中東戦争が始まりました。アラブ諸国は原油について禁輸措置を実施し、石油輸出国機構（OPEC＊）は原油価格の引き上げを実施したことで、石油価格は一気に4倍となり、卸売物価が前年比30%、消費者物価指数は前年比25%もの上昇となりました。これが**オイルショック**（石油危機）です。

この異常事態に対して、財政・金融両面において極めて強力な総需要抑制策が実施されました。公定歩合は1973年中に4.25%から9.00%に引き上げられました。そして1973年度の国債発行額は2兆円台を突破しました。需給ギャップ＊は拡大し、

＊ **OPEC**　　　Organization of Petroleum Exporting Countries の略。
＊**需給ギャップ**　経済の供給の伸び率と現実の需要の伸び率との乖離のこと。

戦後初のマイナス成長となったことで、いわゆるスタグフレーション*に陥りました。これにより税収は大幅に減少し、国債は増発され続けたのです。

　1975年には個人消費・設備投資が停滞、輸出も不振となり、企業・家計の所得が伸び悩みました。しかし物価がやや落ち着いてきたこともあり、金融政策は徐々に緩和され、景気浮揚のために公共事業や住宅建設などの景気対策が取られました。しかし、民間需要の落ち込みにより効果は限られ、税収等の減少は3.6兆円にも及んだのです。

　この年の歳入・歳出の差額を補うために、補正予算が組まれ、3兆4,800億円の国債が増発されました。このうち2兆2,900億円が「特例国債」により賄われました。昭和40年（1965年）以来、10年ぶりの赤字国債の発行となったのです。

▶▶ 国債依存度の高まり

　1965年以降、国債に対する依存度が、さらに高まることとなりました。1974年度の国債依存度（国の一般会計予算の歳入に占める国債の割合）は11.3%でしたが、1975年度には25.3%にまで上昇したのです。

　1976年度以降は、設備投資が盛り上がりを欠いたことで、需要構造が、個人消費や財政出動にシフトしていきました。1978年度の国債残高は、名目GNP比20%に達しました。

　1977年に、金融機関の取得した国債の流動化がスタートしました。日銀オペで吸収される国債の比率が低下し、都銀などの預金増加額に占める国債引受の割合が急増していたため、借換債の発行をしていなかった特例国債（赤字国債）の市場売却については、各金融機関の自主的な判断に委ねられたのです。ただし引き受け後一年間は、引き続き売却を自粛することとされました。また建設国債に対しても借換方式を見直すことを前提に、流動化が開始されました。

　1981年6月のシ団による国債金融機関は国債の引受を拒否し休債となりました。金融機関が国債引受を拒否したのは銀行の資金不足とともに、国債の低利発行にありました。このため, 政府は国債発行を減額するとともに国債金利の自由化を進めざるを得なくなったのです。以後。休債は日常的となり1980年代中頃まで何度も繰り返されたのです。今日は、1980年代に生じた休債は生じていません。

*スタグフレーション　景気停滞と物価上昇が同時に進行すること。

10-3
債券バブル

1985年の銀行によるフルディーリングの開始や債券先物の上場があり、プラザ合意後の急激な円高に対処するための日銀による金融緩和などを背景に、債券市場はディーリング全盛期を迎えました。

▶▶ 金融機関のフルディーリング開始

1985年6月に金融機関の債券のフルディーリングが開始されました。国債を大量に保有している都銀などの銀行が国債市場に本格的に登場することで、公社債の売買高は急増しました。この年の10月には東京証券取引所に日本で初めての金融先物市場が誕生しました。**長期国債先物取引**（**債券先物取引**）が開始されたのです。債券先物取引においては、東京証券取引所会員の証券会社だけではなく、国債を大量に保有している銀行の参入が、特別会員という資格で認められました。金融機関による国債のフルディーリングの開始と債券先物取引の開始により、国債は流動性が大幅に向上することとなり、債券市場は急速に拡大したのです。

1985年のプラザ合意後の急激な円高に対処するための、度重なる利下げによる未曾有の金融緩和に加え、公共事業拡大による財政出動が要因となり、日本の**バブル**が発生しました。金融緩和や円売り介入などから資金は余剰となり、それは設備投資には向かわず、株や土地に向い典型的な資産インフレを引き起こしたのです。円高対策のための日銀の金融緩和により、バブルを加速させる結果となりました。これを受けて国債の価格も大きく上昇したのです。

1986年11月に国債の指標銘柄になったのが10年国債の89回債です。89回債は大手証券を中心に積極的な売買が仕掛けられ、債券のディーリング全盛期を迎えることとなりました。1987年4月には証券会社や都銀などが積極的に自己売買を繰り返した結果、公社債の店頭売買高はひと月で1,000兆円を超えたのです。

5月14日に89回債は10年債でありながら、短期金利の代表的な金利でもある公定歩合の2.5%に接近し2.550%を付けたのです。しかし、ここで債券相場はピークアウトし、債券バブルは崩壊しました。債券バブルの崩壊で、金融機関のみならず、事業法人でも大きな損失が発生しました。

　1987年9月2日、タテホ化学工業が債券先物で286億円もの損失を出したことが明らかになり、このニュースで債券相場は暴落しました。これが**タテホショック**です。10月19日にはニューヨーク株式市場の急落をきっかけとした世界的な同時株安が起きました。いわゆる**ブラックマンデー**です。過去最大規模の世界的株価暴落を受けて、日銀は短期金利の低め誘導を行ない、債券相場はいったん反発しました。

　1989年に入ると日銀は公定歩合を数度にわたり引き上げ、完全に金融引締策へと転向しました。それでも、バブルの勢いは年末まで続き、日経平均株価は、その年の大納会の大引けで3万8,915円を付け、これが株価の最高値となりました。

　一方、債券相場は公定歩合の度重なる引き上げによる短期金利の上昇で、総じて伸び悩みの状態となっていました。

　1990年は債券安・株式安・円安のトリプル安でのスタートとなりました。米国金融緩和期待の後退、ソ連情勢の悪化、日銀による公定歩合の再引き上げ観測などが要因でした。日銀は3月20日に1.00%という大幅な公定歩合の引き上げを実施し、5.25%まで引き上げました。8月2日にイラク軍がクウェートに侵攻すると原油価格が急騰し、インフレ懸念が一段と高まりました。その後、原油価格は下落したものの、物価上昇を気にしてか日銀は同月30日に公定歩合を0.50%引き上げ、年6.00%とする第五次公定歩合の引き上げを実施。これを受けて債券先物は急落し、9月27日には債券先物市場開設以来の安値となる87円8銭にまで下落しました。株価も大きく下落し、10月1日に日経平均株価は2万円を割り込んだのです。

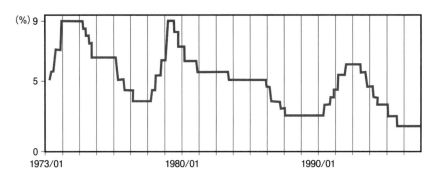

公定歩合の推移

10-4
国債管理政策の強化

日本における国債管理政策が本格化したのは1999年あたりからです。特に1998年における海外格付会社の格下げや、1999年末の「運用部ショック」と呼ばれた国債市場の急落がひとつのきっかけになったと思われます。

▶▶ 運用部ショック

財務省による**国債管理政策**とは、「できる限り財政負担の軽減を図りながら、国債が国民経済の各方面において無理なく受入れられるよう、国債の発行、消化、流通及び償還の各局面にわたり行なう種々の政策」のことであり、国債管理政策の基本的考え方として、確実かつ円滑な発行、中長期的な調達コストの抑制を挙げています。

日本における国債管理政策が本格化したのは1999年あたりからです。特に1998年における海外格付会社の格下げや、「**運用部ショック**」と呼ばれた国債市場の急落がひとつのきっかけになったと思われます。運用部とは大蔵省（現財務省）資金運用部のことで、財政投融資制度の下で郵便貯金などの政府関係資金の管理を行なっていた機関です。

1998年11月20日の日本経済新聞に「大蔵省は1998年度の第3次補正予算で、新規発行する国債12兆5千億円のうち、10兆円以上を市中消化する方針」といった小さな記事が出ました。これは今後、国債を大量に引き受けていた資金運用部の国債の引き受け比率が、大きく低下することを示していたのです。

そして国債発行額の拡大に伴い、1999年の1月から長期国債は月々1兆8,000億円と一気に4,000億増額される見通しも出され、1999年度の国債発行額は70兆円以上、うち市中消化は60兆円以上との新聞報道もあり、大蔵省資金運用部の国債引受が減るのは、第三次補正予算だけでなく、翌年度も急減することが明らかになったのです。

加えて当時の宮沢喜一蔵相は、運用部の債券買切の中止を示唆するコメントを出しました。これをきっかけにして、債券相場は急落しました。これが「運用部ショック」と呼ばれたものです。この「運用部ショック」をきっかけに1999年2月に日銀のゼロ金利政策が実施されるとともに、大蔵省（当時）も長期金利上昇抑制のために市場に

配慮する姿勢を示し、必要と見られる手段を次々に講じてきたのです。

▶▶ 日本版プライマリー・ディーラー制度

「運用部ショック」後の国債管理政策の目玉というべきものは、**国債引受シンジケート団**の廃止と日本版**プライマリー・ディーラー制度**の導入であったかと思われます。

日本版プライマリー・ディーラー制度は、2004年10月から「国債市場特別参加者制度」という名前で発足し、2006年3月末には国債引受シンジケート団が廃止されました。このほかにも、財務省は国債管理政策としていろいろな手段を講じています。国債の購入層の裾野を広げるための個人向け国債の発行、そして国債に係る海外投資家に向けての海外説明会（IR*）の開催なども行なっています。

また1999年9月からは30年国債が発行され、さらに財務省としても念願であったとされる5年国債の発行は2000年2月から実施されています。同年6月には15年変動利付国債の公募入札の開始、2004年3月から物価連動国債の発行が開始、2007年11月には40年国債の発行も開始されました。

国債に関する戦後の主な出来事

年代	時代	出来事
1966年	昭和	40年度の歳入補てんのための国債（7年債）を発行（1月）、シ団引受を開始
1975年		歳入補てんのための特例国債を発行開始
1980年		中期国債ファンド発売（1月）
		国債振替決済制度の導入（2月）
1984年		金融機関による国債のディーリング開始（認可制で償還まで2年未満の公共債に限定）（6月）
1985年		ロンドン国債金融先物取引所（LIFFE）に日本国債先物上場（7月）
		東京証券取引所に債券先物市場創設（10月）
1991年	平成	日銀ネット（国債関係事務）稼働（5月）
1998年		運用部ショック
2003年		国債ペーパーレス化（1月）
		個人向け国債発行（3月）
		国債市場特別参加者制度がスタート（10月）
2005年		国債に係る海外説明会（IR）の開催（ロンドン、ニューヨーク）（1月）
2006年		固定利付タイプの5年満期の新型個人向け国債発行
		国債引受シンジケート団3月末で廃止（3月）
2007年		40年国債発行（11月）

出所：財務省、日銀ホームページ等を参照して作成

＊ IR Investor Relations の略。投資家向け広報のこと。

10-5
超低金利時代の到来

日本の長期金利は1999年以降、2%を超えたのはわずかな回数となり、2%以下での推移が続きました。この長期金利の低位安定の背景には日本のデフレとともに、度重なる世界的な金融経済ショックがありました。

▶▶ 長期金利2%の壁

長期金利は1999年2月5日に2.440%を付けましたが、それ以降は日銀によるゼロ金利政策や大蔵省による市場安定化策などにより低下基調となりました。1999年8月に当時の小渕首相が1999年度第2次補正予算の編成を柱に積極的に景気を下支えしていく考えを打ち出したことなどから長期金利は再び2%を超えて2.040%を付けましたが、これ以降、長期金利は2%を大きく超えることはなかったのです。

2000年8月に日銀はゼロ金利政策を解除したのですが、米国景気を支えたITバブルが崩壊しデフレ懸念はさらに強まることとなり、景気はさらに悪化していったのです。日銀は2001年3月に金融調節目標を金利から、日銀当座預金残高という量に変更することを決定し、いわゆる**量的緩和政策**が実施されました。

2002年5月に格付会社のムーディーズが、日本国債の格付けをＡａ3からＡ2に引き下げ、これにより日本の格付けがイスラエルやボツワナと同じ格付けとなったのです。

2003年に入り、1月から国債のペーパーレス化がスタートしました。この年の6月あたりにかけて、債券相場はじりじりと上昇し10年債利回りは0.430%と過去最低利回りを記録しました。この長期金利の0.430%は世界の長期金利の中でも最低水準となったのです。この相場上昇過程において、目立ったのがメガバンクの一角や地銀を含めた銀行主体の債券買いでした。銀行などがポジションのリスク管理に使っているバリュー・アット・リスク（VaR）の仕組み上、変動値幅が少ないことでそのリスク許容度がかなり広がりをみせ、株価の低迷に伴って債券での収益拡大の狙いもあり、必要以上にポジションを積み上げ、異常なほどの超低金利を演出したのです。しかし、これもいわゆる債券バブルに近いものとなり、その後、債券相場が急落したことで保有機関は債券の売却を余儀なくされました。これは**VaRショック**とも呼ばれました。

　2006年には量的緩和政策と**ゼロ金利政策**の解除が実施されました。2006年5月に長期金利は2.005％まで上昇しましたが、2％を超えたのは一時であり、その後は再び長期金利は2％以下で推移することになります。

　2006年半ばに、それまで高騰を続けていたアメリカの住宅価格が下落に転じ、サブプライム問題が発生しました。これをきっかけに2008年9月にリーマン・ショックが起き、世界的な金融経済危機が発生しました。これにより日本の長期金利は再び低下傾向となり、2008年には1.155％まで低下しました。

　2010年1月に欧州委員会がギリシャの統計上の不備を指摘したことが報道され、ギリシャの財政状況の悪化が表面化し、今度は欧州の信用不安が世界の金融市場を震撼させました。8月に日本の長期金利は2003年以来7年ぶりの1％割れとなったのです。

　FRBによる追加緩和観測が出てきたことや、米長期金利の低下などから外為市場ではさらに円高ドル安が進行し、これを受けて政府は2010年9月15日に2004年3月16日以来となる為替介入を実施しました。

量的緩和政策

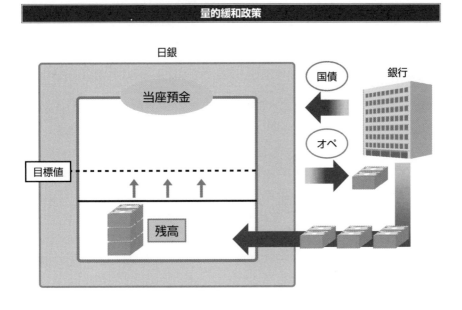

10-6
さらなる金融緩和による低金利の長期化

欧州の信用危機の広がりにより、世界的な金融経済危機が意識され、日銀は2010年10月に包括的な金融緩和策を決定し、基金による国債買入をスタートしました。また、FRBも追加緩和策（QE2*）を決定しました。

▶▶ 日銀の包括的な金融緩和策

景気の下振れリスクも意識され、日銀は2010年10月に開催された金融政策決定会合において、実質的なゼロ金利政策、時間軸の明確化、さらに国債を含めた資産買入等の基金を創立するという**包括的な金融緩和策**の実施を決定しました。

基金による長期国債の買入は、これまでの長期国債買入とは異なる目的のもとで臨時の措置として行なうものとし、これにより買い入れて保有する長期国債は、銀行券発行残高を上限に買い入れる長期国債と区分のうえ、異なる取り扱いとするとし、いわゆる**日銀券ルール**には縛られないかたちでの国債買入となりました。

▶▶ FRBのQE2

格付会社S&Pは、2011年8月に米国債の長期格付けを最上位のAAAからAA+に1段階引き下げました。これを受けて、米国市場はかなり不安定な動きとなっていました。

FRBは9月のFOMCで、残存期間6〜30年の財務省証券4000億ドルを買い入れ、残存期間3年以下の財務省証券を同額売却するというプログラムを決定しました。1961年のケネディ政権下で行なわれたことがあるツイスト・オペと同様の手段です。

さらに11月のFOMCでは、一段の景気刺激に向けた措置として2011年6月末まで米国債を6000億ドル追加購入するという追加緩和策（**QE2**）を決定しました。

＊**QE2**　Quantitative Easing 2の略。量的緩和第2弾の意。

▶▶ ECBの追加緩和策

　　欧州の信用不安はイタリアなどに拡がりをみせ、イタリアの10年債利回りが7%
台に上昇し、アイルランドやポルトガルが金融支援を余儀なくされた水準である長期
金利7%という分岐点を突破しました。

　　ECBは11月の理事会で、主要政策金利であるリファイナンス金利を0.25%引き
下げ1.25%としました。11月1日に就任したばかりのマリオ・ドラギ新総裁は就任
後、早々に動きをみせたのです。

　　12月には、定例理事会で政策金利であるリファイナンス・オペ金利を0.25%引き
下げて年1.0%にすると決定しました。さらに非標準的手法として、流動性を供給す
るため期間3年の長期リファイナンス・オペ（LTRO*）を新設することを発表しまし
た。LTROは2011年末の12月と2012年の2月に行なわれ、ユーロ圏の信用不安
を後退させる一因となりました。

日銀の包括緩和策

実質的なゼロ金利政策
政策金利の無担保コール翌日物の
金利を0〜0.1%前後に誘導する。

基金の創設
国債、社債、ETF、J-REIT など、
多様な金融資産を買入れるための
基金を創設する。

時間軸の明確化
「中長期的な物価安定の理解」に基づき、
物価の安定が展望できるようになる
まで実質的なゼロ金利政策を
継続する。

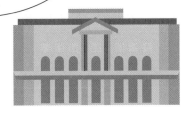

第10章　債券の歴史

＊**LTRO**　Long Term Refinance Operationの略。

市場の動揺を抑えた中央銀行の政策

2012年9月のECB理事会では償還期間1〜3年の国債を無制限で買い入れることを決定し、FRBは12月に国債とMBSを月額850億ドル買い入れる政策を決定しました（QE3）。このような積極的な政策により、市場の動揺は次第に収まってきました。

▶▶ FRBと日銀の物価目標

FRBは2012年1月のFOMCおいて、物価に対して特定の長期的な目標（ゴール）を置くこととし、それをPCE＊の物価指数（PCEデフレーター）の2％としました。これは実質的な**インフレ目標**の設定とも言えるものです。

2月のイングランド銀行のMPCでは、資産買取プログラムの規模を500億ポンド拡大することを決めました。その際に購入対象となる償還期限を変更し、従来よりも3〜7年物の購入を増やすことにしました。これら一連の動き、なかでもFRBによる物価目標の設定と時間軸の長期化は日銀にも大きな影響を与えました。

日銀も2月の金融政策決定会合で、中長期的に持続可能な物価の安定と整合的な物価上昇率として「**中長期的な物価安定の目途**」を示すことを決定しました。「中長期的な物価安定の目処」とは、消費者物価指数の前年比上昇率で2％以下のプラス領域にあるとある程度幅を持って示すこととしました。そのうえで、「当面は1％を目途（Goal）」として、金融政策運営において目指す物価上昇率を明確にしたのです。

▶▶ 市場の動揺を抑えた日米欧の追加緩和

日銀は2012年4月の金融政策決定会合で、資産買入基金の増額というかたちで追加緩和を決定しました。

ECBは7月、政策金利であるリファイナンス金利を0.25％下げて、1999年のユーロ導入以来の過去最低水準となる0.75％とすることを決定しました。また、民間銀行がECBに預金を預け入れる際の預金ファシリティ金利（日銀当座預金の超過準備の付利に相当）も0.25％引き下げられゼロ％となりました。また同日、イングランド銀行も資産買い入れプログラムの規模を500億ポンド拡大し、3750億ポンドにすることを決定しました。

＊**PCE** Personal Consumption Expenditures の略。個人消費支出。

　加えてドラギ総裁はユーロ存続のために必要な、いかなる措置も取る用意があると表明しました。9月のECB理事会では、市場から国債を買い取る新たな対策を正式に決定しました。償還期間1〜3年の国債を無制限で買い入れることを決定したのです。このOMT＊は利用されることはなかったものの、その存在が市場の動揺を抑える役割を果たしました。

　FRBは9月のFOMCで追加の緩和策を決定し、住宅ローンを担保にした証券であるMBSを毎月400億ドルを追加購入することを表明しました（**QE3**）。

　12月のFOMCでは、年末に終了するツイストオペの代わりに毎月450億ドル規模の米国債購入を決定しました。これまでのツイストオペでは、450億ドルの短期債を売って長期債を購入していたのですが、短期債を売却しない分、FRBのバランスシートは拡大します。MBS＊を含めると月額850億ドルを買い入れることになります。また償還分の買入も行ないました。

インフレ目標

目標（ゴール）／物価指数／物価上昇（インフレ）／中央銀行／緩和／市場

＊ **OMT**　Outright Monetary Transactions の略。国債買入プログラムの意。
＊ **MBS**　Mortgage Backed Security の略。不動産担保証券。

187

10-8
アベノミクス登場

2012年11月の衆院解散により、安倍自民党総裁の言動が注目されました。安倍総裁は日銀がリフレ政策を取ることを要望し、これがきっかけとなって急激な円安株高を招きました。後に、アベノミクスと呼ばれる経済政策の幕開けでした。

▶▶ 政府と日銀の共同文書

日銀は、2012年9月の金融政策決定会合において資産買入等の基金を70兆円程度から80兆円程度に10兆円程度の増額を決定しました。翌10月の金融政策決定会合では、資産買入等基金の規模を11兆円増額する追加緩和策を決定しました。また、日銀総裁と財務相・経済財政相との連名による「デフレ脱却に向けた取組について」を公表しました。日銀と政府が共同文書を公表するのは初めてです。12月には資産買入等基金の規模を91兆円から101兆円に拡大しました。このあたりから、日銀の金融政策はこれまでのものとは別な方向に進んでいくことになります。この要因が**アベノミクス**の登場でした。

▶▶ アベノミクスはリフレ政策

2009年の政権交代で大きな期待を集めた民主党政権でしたが、十分な成果を上げず国民の間での不満が強まり、野田佳彦首相は2012年11月14日の党首討論で、16日に衆院解散に踏み切る意向を表明しました。解散総選挙により、自民党政権に対する新たな期待が高まりました。安倍晋三自民党総裁の言動が注目されたのです。

11月16日に衆議院が解散され、翌17日に安倍総裁は、衆院選後に政権を獲得した場合、金融緩和を強化するための日銀法改正を検討する考えを表明しました。そのうえで、建設国債をできれば日銀に全部買ってもらう、新しいマネーが強制的に市場に出ていくと述べたのです。加えて、輪転機をぐるぐる回して、日銀に無制限にお札を刷ってもらう、と発言しました。アベノミクスの原点はここにあります。

このような発言のベースにあるのは、いわゆる**リフレーション**政策と呼ばれる考え方です。リフレーション（以下、リフレ）とは、中央銀行が世の中に出回るお金の量を増やし、人々のインフレ期待を高めることでデフレ脱却を図ろうとする金融政策のこ

とです。リフレは通貨再膨張と訳されています。

　12月16日の衆議院議員総選挙で自民党が294議席を獲得して圧勝し、政権与党に返り咲きました。26日には安倍晋三自民党総裁が第96代内閣総理大臣に選出され、第2次安倍内閣が発足しました。

▶▶ アベノミクスによる円安株高

　安倍自民党総裁がリフレ政策を打ち出すような発言をし、円安の流れに拍車を掛ける格好となりました。衆院解散が表明された2012年11月14日に79円台だったドル円は、2013年1月には90円台に、5月には100円台を付けるなど円安ドル高が急ピッチで進行したのです。

　株式市場では政権交代への期待とともに、円安の動きも相まって日経平均株価は大きく上昇しました。11月14日の8600円台から12月には10000円台に、翌年の5月には15000円台に上昇しました。この円安と株高の背景には、ヘッジファンドなど海外投資家による大規模な円売りと日本株買いがあったようです。円買い（円高）と日本株売り（株安）のポジションが積み上がっていたところにアベノミクスが登場し、そのアンワインド（反対売買➡円安株高）を引き起こすきっかけとなりました。

リフレ政策効果のイメージ

景気が悪い ➡ 経済活動を刺激する（日銀による金融緩和、政府の財政出動） ➡ 経済活動が活発化 ➡ 緩やかなインフレの発生（デフレからの脱却） ➡ 景気回復

第10章　債券の歴史

日銀は2013年4月の金融政策決定会合において、量的・質的金融緩和策の導入を決定しました。これは量・質ともに次元の違う金融政策とされ、「異次元緩和」と呼ばれました。大胆に国債などを買い入れることで物価目標を達成することが目的となったのです。

▶▶ 次元の違う金融緩和

日銀の白川総裁は、2013年4月8日の任期満了を待たずに辞任すると発表しました。3月19日の副総裁の任期満了に合わせることで、空白の期間の分を調整する格好となりました。その後任には黒田東彦氏が起用されました。黒田氏は3月20日に日銀総裁に就任すると、時を置かずに動きました。

日銀は4月の金融政策決定会合で、「**量的・質的金融緩和**」の導入を決めました。消費者物価指数*の前年比上昇率2%の「**物価安定の目標**」を2年程度の期間を念頭に置いて、できるだけ早期に実現するとしました。つまり2%の物価目標を2年程度という期間で達成させることが、**異次元緩和**の最大の目標となりました。

このため、**マネタリーベース**（現金通貨と日銀の当座預金残高）および長期国債・ETF*（上場投資信託）の保有額を2年間で2倍に拡大し、長期国債の平均残存期間を2倍以上にするなど、量・質ともに次元の違う金融緩和を行なうことにしました。

金融市場調節の操作目標を、それまでの無担保コール翌日物の金利から「マネタリーベース」へと変更しました。金融市場調節方針は「マネタリーベースが、年間60～70兆円に相当するベースで増加するよう金融市場調節を行なう」に変更されたのです。年間60～70兆円相当はマネタリーベースの増加ベースとなり、2012年度末のマネタリーベースの実績138兆円規模が、2013年度末が200兆円、2014年度末が270兆円となるように金融調節が行なわれました。

▶▶ 大量の国債買入

マネタリーベースを増加させ、物価目標を達成するために、国債のイールドカーブ*全体の低下を促すことを目的に、長期国債の保有残高が年間50兆円に相当するペースで増加するよう買入を行なうことも決定しました。

---

* **消費者物価指数**　日銀の物価目標の消費者物価指数はコア指数ではなく総合指数。
* **ETF**　　　　　　Exchange Traded Fundの略。上場投資信託のこと。

　長期国債の買入対象を、40年債を含む全ゾーンとし、買入の平均残存年数をそれまでの3年弱から国債発行残高の平均並みの7年程度に延長しました。この結果、毎月の長期国債のグロスの買入額は7.5兆円規模（それまでは3.8兆円程度）になります。この結果、日銀はこの時点で毎月の発行額の70%を買い入れることになったのです。

　新方式の国債買入は新発国債も対象となります。それまでは財政ファイナンスと意識されないために、発行年限別の直近発行2銘柄を除いていたのですが、新方式ではその制限を外しました。

　資産価格のプレミアムに働きかける観点から、ETFおよびJ-REIT*の保有残高が、それぞれ年間約1兆円、年間約300億円に相当するペースで増加するよう買入を行なうこととしました。

　巨額な国債買入と大規模なマネタリーベースの供給を円滑に行なうために、市場参加者との間で、金融市場調節や市場取引全般に関してこれまで以上に密接な意見交換の場を設けることも決定し、東日本大震災の被災地金融機関を支援するための資金供給オペレーションおよび被災地企業等にかかる担保要件の緩和措置を1年延長することも決められました。

　日銀の量的・質的緩和政策を受けて債券市場は大荒れとなり、10年債利回りは2003年6月以来の過去最低を更新しました。ところが、その後戻り売りに押されて上昇に転じるなど、乱高下する展開となりました。

第10章　債券の歴史

黒田総裁が記者会見時に発表した異次元緩和の中身

・物価安定の目標は「**2%**」

・達成期間は「**2年**」を念頭にできるだけ早期に

・マネタリーベースは2年間で「**2倍**」に

・国債保有額、平均残存期間は2年間で「**2倍以上**」に

*イールドカーブ　国債の期間を横軸、利回りを縦軸に期間ごとの利回りを結んだ曲線のこと。5-3節参照。
*J-REIT　Japan - Real Estate Investment Trustの略。日本版不動産投資信託のこと。

10-10
FRBのテーパリングと正常化

世界的な金融経済危機が後退し、FRBは非伝統的な金融政策から伝統的な金融政策に戻すことを検討し始めました。まずは毎月の大量の米国債などの買入額を縮小させ、その後、ゼロ金利政策を解除、つまり利上げを実施してきたのです。

▶▶ FRB議長がテーパリングを示唆

2013年5月にFRBのバーナンキ議長は議会証言後の質疑応答で、景気指標の改善が続けば債券購入のペースを減速させる、つまり量的緩和政策を縮小する可能性があると指摘しました。この量的緩和政策の縮小（**テーパリング**＝先細りの意）は12月のFOMC*で決定されました。2014年1月から月額850億ドル規模の証券購入額を100億ドル減らし750億ドルとしたのです。

2014年1月のFOMCでは、750億ドルから650億ドルに縮小させました。3月には550億ドルに、4月に450億ドル、そして6月には350億ドルまで減少させてきました。その後も、7月に250億ドル、9月に150億ドルとし、ついに10月には150億ドルを一気に減らしてゼロとし、これでテーパリングは終了しました。

▶▶ 正常化（利上げ）に向けた動き

テーパリングは量的緩和政策の解除ということになり、次はゼロ金利政策の解除が視野に入りました。これは正常化という表現も使われ、非伝統的な金融政策から伝統的な金融政策、つまり量での政策から政策金利を上げ下げする政策に戻すことになります。ただし、この正常化は利上げという手段となるため、イエレン議長もかなり慎重にその時期を見計らっていました（イエレン議長は、2014年2月にバーナンキ氏の後任として就任しました。女性初の議長です）。

2015年12月のFOMCで、0〜0.25％の政策金利（フェデラルファンド金利、FF金利とも言う）の誘導目標値を、0.25％〜0.5％の幅に引き上げることを全会一致で決定しました。

＊**FOMC**　Federal Open Market Committeeの略。公開市場委員会。アメリカの金融政策を決める会議のこと。

　FRBは2008年12月から政策金利を0〜0.25%とする実質的なゼロ金利政策を続けてきたのですが、それを7年ぶりに解除したのです。さらに利上げそのものは2006年6月以来、9年半ぶりとなりました。

　イエレン議長は金融政策を効果的、かつ効率的に運営するのに必要と判断される規模までバランスシートを縮小する方針にあると発言しました。追加利上げを行なったのち、バランスシートの縮小作業に入るものと予想。実際に2016年12月のFOMCで政策金利を年0.25〜0.50%から0.50〜0.75%への引き上げを決定。2017年3月には0.75〜1.00%に、同年6月に年1.00%〜1.25%にし、10月からはバランスシートの縮小を開始しました。

テーパリング

テーパリング＝「先細り」の意

現在　　　　　　　　　　　　　　　　　量的緩和の状態

供給するマネーの量

徐々に減らしていく
（テーパリング）

未来 ……………………………………………… ありうるべき状態

米国が正常化路線に向けて進むなか、日銀やECBはさらなる追加緩和策を実施しました。2014年10月に日銀は金融政策決定会合で追加緩和を決定しました。ただし、黒田総裁はかなり無理をして、二度目のバズーカを撃ってきたとも言えます。

▶▶ 国債発行額の9割を買入

2014年10月に決定した量的・質的緩和策の拡大において、日銀はマネタリーベースが年間80兆円（10〜20兆円追加）に相当するペースで増加するように金融調節を行なうこととしました（5人の審議委員が賛成、4人が反対しました）。そのために資産買入を拡大し、長期国債買入の平均残存年数を長期化します。長期国債については保有残高が年間80兆円（約30兆円追加）に相当するペースで増加するよう買入を行ないます。そして、買入の平均残存期間を7〜10年程度に延長します（最大3年程度延長）。

これにより2015年の日銀買入額は、償還分を含めると年間110兆円程度に上り、2015年度国債発行計画における発行額（短国除く）の9割弱を買い入れる計算になります。

ETFとREITの保有残高は、それぞれ買入ペースを年間約3兆円と年間約900億円とそれぞれこれまでの3倍に増やします。

何故、このタイミングで日銀はサプライズとも言える追加緩和を無理を押して実施してきたのでしょうか。その要因としては、公表文にあったように「短期的とはいえ、現在の物価下押し圧力が残存する場合、これまで着実に進んできたデフレマインドの転換が遅延するリスクがある」ためと思われます。原油価格の下落などによる物価の上昇率が抑制されていたことも理由でしょう。

＊ **GPIF**　Government Pension Investment Fundの略。年金積立金管理運用独立行政法人のこと。

▶▶ 狙いは円安・株高か

　しかし、このタイミングで異次元緩和の第2弾を仕掛けてきたのは、別の理由もありそうです。政府は2015年10月から実施するとしていた消費税の引き上げを見送ることになったのですが、黒田総裁としては財政規律維持のためにも消費増税は行なうべきとの立場にあり、消費増税を行なっても日銀の金融緩和で経済を支えるとの思惑があった可能性があります。

　さらに、10月のFOMCでFRBはテーパリングを終了させました。このタイミングで日銀が追加緩和を実施すれば、FRBと日銀の金融政策の方向性がより顕著となり、それはつまり円安ドル高を加速させる要因となります。元財務官の黒田総裁だけに、円安を促す影響も考慮に入れていた可能性がありました。また、GPIF＊の運用比率変更の正式アナウンスが出ていたことで、これにタイミングを合わせ、株価を押し上げることも想定していたのかもしれません。日銀はETFとJ-REITの買入増額も発表しています。

　実際に日銀の量的・質的緩和拡大を受けて、一時低迷していた円安が加速し日経平均の上昇に弾みがつきました。2012年11月のアベノミクスの登場時と同じような効果が、為替と株に関してはあったと言えます。しかし、肝心の物価については、これだけ大規模な資産買入を行なっても上昇せず、消費者物価は前年比ゼロに向けて上昇幅を縮小させてきたのです。

異次元緩和が目指すもの

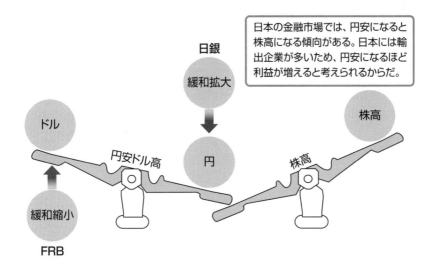

日本の金融市場では、円安になると株高になる傾向がある。日本には輸出企業が多いため、円安になるほど利益が増えると考えられるからだ。

　ECBは2014年6月にマイナス金利政策を導入し、政策金利の下限金利である中銀預金金利をマイナス0.1%としました。2015年1月のECB理事会では、国債買入型の量的緩和策の実施を決定。さらに同年12月には追加の金融緩和を決定しました。

▶▶ マイナス金利政策

　2014年6月のECB理事会で政策金利は0.1%引き下げられ、**リファイナンス金利**を0.25%から0.15%としました。**コリドー**と呼ばれる政策金利の上限と下限については、上限金利が0.4%に引き下げられ、下限金利であるところの中銀預金金利（預金ファシリティ金利）はマイナス0.1%となったのです。

　ECBが**マイナス金利政策**を導入したことで、この後、スイスは2014年12月、スウェーデンは2015年2月にマイナス金利政策を導入することになります。デンマークは2012年に為替相場の安定を目的として一時的にマイナス金利を導入し、その後いったんプラスに戻しましたが、2012年7月に再びマイナス金利にしています。また、2016年3月にはハンガリーもマイナス金利を導入しています。

　ECBは2014年10月には主要政策金利のリファイナンス金利を過去最低の0.05%に引き下げ、上限金利の限界貸出金利を0.30%に、下限金利の中銀預金金利をマイナス0.20%に引き下げました。さらに10月からの資産担保証券（ABS＊）とカバードボンドの買入も決定しました。

　そして、2015年1月のECB理事会では、FRBやイングランド銀行、日銀と同様、ドラギ総裁にとっては念願とも言える国債買入型の量的緩和策の実施を決定しました。ECBの指揮により、ユーロ圏の各国中銀が2015年3月から国債を含めて毎月600億ユーロの資産を買い入れます。ドラギ総裁は会見で「2%に近い中期的な物価上昇率の目標」に改めて触れており、達成が見通せるまで必要なら量的緩和を続ける考えを示唆しました。

＊ **ABS**　Asset Backed Security の略。

▶▶ ECBの追加緩和

　ドラギ総裁は2015年11月の講演で、「現在のECBの政策軌道がこの目的を達するのに不十分だと判断すれば、われわれはインフレを可能な限り速やかに押し上げるために必要な措置を取る」と表明しました。これは12月のECB理事会での追加緩和を示唆した格好となり、実際、ドイツやオランダ、ラトビア、リトアニアなどの反対派を押し切って追加緩和を決定しました。

　主要政策金利であるリファイナンス金利は0.05％に据え置き、上限金利の限界貸出金利も0.30％に据え置いたのですが、下限金利の中銀預金金利をマイナス0.30％に引き下げたのです。ドラギ総裁は会見で、債券購入の期間を2017年3月まで延長する方針を示し、買い入れる資産の対象に地方債を含めることも明らかにしました。

ユーロ導入国（2023年9月末現在）

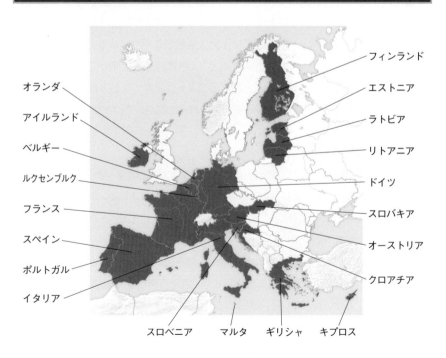

オランダ
アイルランド
ベルギー
ルクセンブルク
フランス
スペイン
ポルトガル
イタリア

フィンランド
エストニア
ラトビア
リトアニア
ドイツ
スロバキア
オーストリア
クロアチア

スロベニア　マルタ　ギリシャ　キプロス

第10章　債券の歴史

10-13
日銀のマイナス金利政策

日銀は2016年1月の金融政策決定会合で「マイナス金利付き量的・質的緩和の導入」を決定しました。決定会合後に発表された公表文によると、今後は「量」「質」「金利」の3つの次元で緩和手段を駆使して金融緩和を進めていくとしたのです。

▶▶ マイナス金利付き量的・質的緩和の導入

2016年に入り、原油安やその要因ともなった中国の景気減速への懸念などから急激な円高株安が進行しました。原油安などによるデフレ圧力に対処するため、黒田総裁は1月にスイスで開かれたダボス会議の前に、帰国後、仮に追加緩和を行なうとしたらどういうオプションがあるか検討してくれ、と指示しました。その結果、1月末の金融政策決定会合で「**マイナス金利付き量的・質的緩和**」の導入を決定したのです。

日銀当座預金にマイナス0.1%のマイナス金利を適用したのですが、欧州で採用されている階層構造方式として超過準備の一部にマイナス金利が適用されました。3つの階層ごとにプラス金利・ゼロ金利・マイナス金利が適用されます。日銀は、マイナス金利が当座預金残高の全体にかからなくても、限界的な増加部分にかかれば、新しい取引によって当座預金が増えることに伴うコストはマイナス0.1%である、金融市場ではそれを前提として金利や相場形成がなされると説明しています。

▶▶ マイナス金利の効果と弊害

マイナスの付利は2月16日から適用されたのですが、このマイナス金利政策の導入決定により、国債のイールドカーブは大きく押し下げられました。10年を超える国債の利回りがマイナスとなり、まだプラスの利回りとなっていた20年を超える超長期債の金利も1%を下回りました。

マイナスの付利は2月16日(次の積み期間)から適用されることとなりました。しかし、このマイナス金利政策の導入決定により、実施を待たずに国債のイールドカーブは大きく押し下げられます。2月9日には10年国債の利回りがマイナスとなりました。さらに7月6日には、20年国債の利回りも、マイナス0.005%をつけています。

　これほどまでに国債利回りが低下するのは、異常な事態と言えました。国債利回りのマイナス化は、利ざやの縮小により金融機関の収益悪化を招くこととなり、資産運用に国債金利のマイナス化が悪影響を与え、日銀は金融界から批判を受けることとなります。

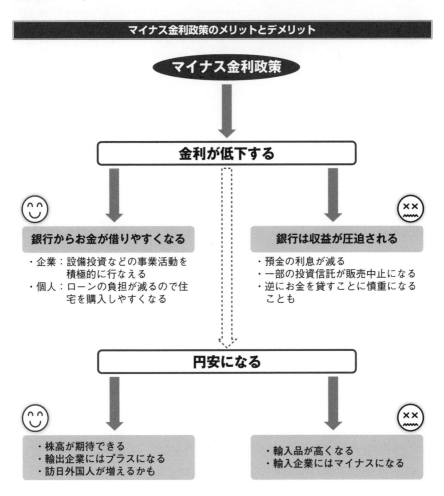

マイナス金利政策のメリットとデメリット

マイナス金利政策

↓

金利が低下する

銀行からお金が借りやすくなる
・企業：設備投資などの事業活動を
　　　　積極的に行なえる
・個人：ローンの負担が減るので住
　　　　宅を購入しやすくなる

銀行は収益が圧迫される
・預金の利息が減る
・一部の投資信託が販売中止になる
・逆にお金を貸すことに慎重になる
　こと

円安になる

・株高が期待できる
・輸出企業にはプラスになる
・訪日外国人が増えるかも

・輸入品が高くなる
・輸入企業にはマイナスになる

第10章　債券の歴史

10-14
長短金利操作付き量的・質的金融緩和

日銀は9月21日の金融政策決定会合において、「長短金利操作付き量的・質的金融緩和」と名付けられた金融政策の新しい枠組みの導入を決めました。

▶▶ 日銀の新しい枠組み

これは長短金利の操作を行う**イールドカーブ・コントロール**と消費者物価上昇率の実績値が安定的に2%を超えるまで資金供給拡大を継続する**オーバーシュート型コミットメント**が柱となります。

これを受けて「マネタリーベースの目標値」がなくなり、金融政策の目標がマネタリーベースという「量」から、長短金利という「金利」に戻された格好となったのです。これにより、量、つまりマネタリーベース目標による制約を受けることがなくなり、国債の買い入れについて柔軟な対応が可能となりました。

さらに長期金利コンロールによって、長期金利をゼロ％程度に「引き上げ」、10年を超える超長期債の利回りを引き上げることで、少しでも利ざやを得られるようにすることも目的とみられました。

また、「長短金利操作付き量的・質的金融緩和」の導入に際して、日銀は新たに「日本銀行が指定する利回りによる国債買入れ」（指し値オペ）を導入しました。

▶▶ 指し値オペとは

指し値オペとは日銀が新発国債を日銀が指定した利回りで無制限に購入するというオペで、長期金利の上昇を抑制する働きを持っています。その半面、10年新発債の市場での流通量を減少させ、債券市場の機能を失わせかねないものとなります。

指値オペが初めて実施されたのは2016年11月17日のことですが、この時は実勢利回りが指し値よりも低下していたため、応札額はゼロとなりました。

　2017年2月2日に日銀は指し値オペをオファーしました。前場の10年債利回り水準は0.140%近辺となっていました。日銀は0.110%で指し値オペをオファーしたのです。日銀に売ったほうが高く売れたため、今度は空砲とはならず、これを受けて10年債利回りは0.1%を割り込みました。

　2018年7月31日の日銀金融政策決定会合では、それまでの長短金利操作付き量的・質的緩和政策の大枠はそのままに、内容の一部を修正してきました。

　長短金利操作（イールドカーブ・コントロール）については、大枠に変更はないものの、「金利は、経済・物価情勢等に応じて上下にある程度変動しうるもの」として水準レンジを広げることを示しました。

　黒田総裁の会見から、水準についてはこれまでの「倍」との表現が出ていました。つまりマイナス0.1%からプラス0.1%とのレンジが、マイナス0.2%からプラス0.2%になったと考えられます。

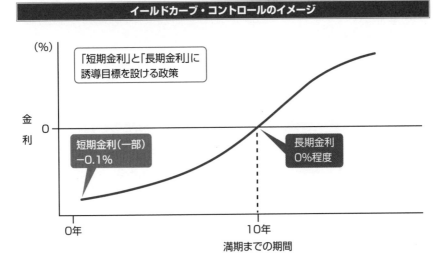

イールドカーブ・コントロールのイメージ

(%)

「短期金利」と「長期金利」に
誘導目標を設ける政策

金利

0

短期金利（一部）
−0.1%

長期金利
0%程度

0年　　　　　　10年

満期までの期間

出典：NHKのサイトをもとに作成

第10章　債券の歴史

10-15
世界的な物価の上昇

2022年は世界的に物価や金利を取り巻く情勢が様変わりした年になりました。円安が進行し、そしてロシアによるウクライナ侵攻に。

▶▶ ウクライナ侵攻による物価上昇の加速

年初から円安が進行し、ドル円相場は5年ぶりの116円台を付けました。円安の要因は金利差にありました。またロシアでは、ウクライナのロシア系住民を保護するための軍事介入について、2月1日に上院が承認しました。ロシアによる**ウクライナ侵攻**が世界の経済・物価、さらに金利に大きな影響を与えることとなります。

こうしたことが要因となり、欧米の長期金利に上昇圧力がかかりました。これを受けて日本の長期金利にも上昇圧力が加わりました。長期金利が海外金利の上昇などに過度に影響されていると判断した日銀は、2月10日の夕刻に14日の日付指定で指し値オペの実施を予告しました。

対象銘柄は10年国債の**カレント物**と呼ばれる直近に発行された3銘柄となりました。買入金額は無制限という点が大きなポイントです。利回り水準は直近カレントとなる365回で0.25%としています。日銀は「イールドカーブ・コントロールのために0.25%で止めるぞ」と無制限買入という強力な手段に訴えたのです。

17日間にわたった北京オリンピックが20日に閉幕。24日にロシアのプーチン大統領がウクライナでの軍事作戦を開始すると述べ、ロシアによるウクライナ侵攻が開始されました。

米欧の制裁強化でロシアからの原油輸出が停滞し、需給が一段と逼迫するとの懸念が強まり、原油先物は上昇し、WTI先物は7年ぶりに100ドル台に一時上昇しました。天然ガスの価格も急騰。そしてロシアやウクライナは穀物の産地でもあります。経済制裁の影響に加え、戦乱で穀倉地帯に被害が及びかねないとの懸念などから、3月4日に小麦先物価格は2008年3月以来の水準に上昇し、トウモロコシ先物も10年ぶり高値を付けました。3月7日にWTI原油先物は一時130.50ドルと期近物として2008年7月以来の高値を付けました。

　その結果、2月の米国の消費者物価指数は、前年同月比7.9%と1982年1月以来約40年ぶりの上昇率になりました。世界的な物価の上昇を受けて欧米の中央銀行は動きをみせました。金融政策を緩和から引き締めへ転じたのです。FRBは3月16日のFOMCでFF金利の誘導目標を0〜0.25%から0.25〜0.50%への引き上げを決定し、ゼロ金利政策を解除。2018年12月以来の利上げとなりました。

　3月25日に米国の長期金利は一時2.50%と2019年5月以来の水準に上昇。日本の10年債利回りも日銀の許容レンジの上限である0.250%を付けました（日銀は2021年3期の金融政策決定会合で長期金利の変動幅は±0.25%程度であることを明確化していました）。

▶▶ 日銀による長期金利の抑制

　こうした事態に、3月28日、日銀は複数日にまたがって国債を決まった利回りで無制限に買い入れる**連続指し値オペ**を実施すると発表。29日から実施しました。一定の期間に指し値オペを繰り返し実施するもので、長期金利の上昇をより強く抑え込む効果が期待できます。

　さらに5月2日以降、明らかに応札が見込まれない場合を除き、毎営業日指し値オペをオファーすると発表しました。つまり無制限に毎営業日、指し値オペを連続で行うというのです。

　そして6月15日には、債券先物の**チーペスト**となる356回も指し値オペの対象に加えました。債券先物は理論的にはチーペストと呼ばれる国債価格に連動しており、チーペストを指し値オペの対象に加えるということは、債券先物への仕掛け的な売りをも抑え込もうとしたわけです。まさに日銀は長期金利を力尽くで抑え込もうとしたのです。

2022年12月20日に行われた日銀の**金融政策決定会合**で、日銀は突如としてそれまでの緩和政策の一部に修正を加えます。国債買入額を大幅に増額しつつ、長期金利の変動幅を従来の±0.25％程度から±0.50程度に拡大したのです。

▶▶ 長期金利の実質的な引き上げ

　これはサプライズとなり、10年債利回りが一時0.460％に上昇。債券先物は一時145円52銭まで急落し、サーキット・ブレーカーが発動する事態となりました。どうしてこのタイミングで変動幅の引き上げを行ったのでしょうか。

　9月と10月に外為市場では円安抑制のために為替介入が実施されました。政府による物価高対策などもあり、これらに対して日銀も行動を起こさざる得なくなったためと考えられます。日銀総裁人事などが絡んでの見えない思惑があった可能性もあります。

　年が明け、2023年1月5日に入札された10年国債（369回）の利率は0.5％を付けています。前回12月に入札された368回の0.2％から大きく引き上げられました。

　財務省によれば2022年末の外貨準備高は1兆2,275億ドル（約162兆円）となっており、21年末から1782億ドル（12.7％）減る結果となりました。減少は6年ぶりで、比較できる2001年以降では最大の減少率となったのです。これは今後の為替介入にとっての制約制限ともなりかねません。ドル売りのための実弾の減少とともに、そもそも外貨準備を大きく取り崩すことによるリスクも意識されます。

　長期金利は再び上昇し、12月13日の10年債カレントの369回債の日本相互証券（BB）で付いた利回りが、一時0.545％と0.500％を超えて上昇しました。仕掛け的な売りが入った可能性もあります。

▶▶ 日銀による長期低金利の貸し出し実施

　23日に日銀は18日に予告していた貸付期間を5年とする共通担保資金供給オペレーションを実施します。これは、今後5年の間は低金利で日銀が市中銀行にお金を貸すということです。金利の上昇を抑える政策のひとつです。金利抑制の選択肢を増やしたということにもなります。

　2022年1月の消費者物価指数は変動の大きい生鮮食品を除く総合指数が前年同月比で4.2%の上昇と第2次石油危機の影響で物価が上がっていた1981年9月の同4.2%以来、41年4か月ぶりの上昇率となりました。

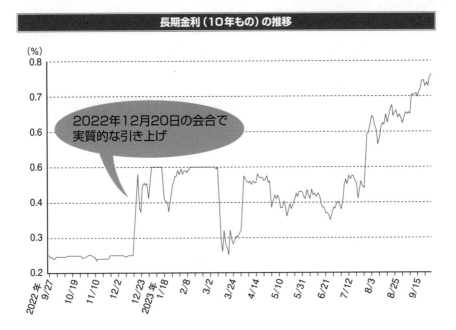

長期金利（10年もの）の推移

2022年12月20日の会合で実質的な引き上げ

日銀は10年国債乗り周りの上昇が0.5%を超えてきたことで、10年国債のカレント を毎営業日連続無制限指し値オペによって、大量に購入した結果、発行額に対する日銀の 保有残高が帳簿上100%を上回りました。

▶▶ 発行額以上の国債が流通

日銀が2023年1月24日に発表した保有する国債の銘柄別残高（1月21日時点） によると、**毎営業日連続無制限指し値オペ**で購入対象となっている10年債カレント の3銘柄である369回、368回、367回債、そして債券先物3月限のチーペストと なっている10年債の358回債について、発行額に対する日銀の保有残高が帳簿上 100%を上回ったのです。これは日銀が長期金利を抑え込むため、毎営業日連続の無 制限の指値オペを行った結果でした。これにより完全に同銘柄の市場流動性を奪った 格好となったのです。

どうして100%を上回ったのかといえば、現先方式を通じて該当銘柄を借りた市場 参加者が、借りた国債をほかの業者（証券会社など）なりに売却（結果として空売り、 ショートとなる）、それを買った業者が日銀に指し値オペを使って売却したためと考え られます。

つまり、空売りした市場参加者は、いずれどこかで国債を手当しなければならない ものの、それを手当するまでは、計算上は発行額以上の国債が流通していることにな ります（空売り分が計算上増加してしまう）。それを含めて日銀が「毎営業日連続無制 限指値オペ」で大量に該当銘柄（369回、368回、367回）を買い上げた結果、日銀 の該当銘柄の保有残高が発行額を超えるという事態が発生したのです。

▶▶ 国債買い入れ額は過去最高に

　　日銀による国債買入の額全体そのものも異常に膨れ上がりました。1月の国債購入額が23兆6902億円。決済日を基準とした月間購入額で22年6月の16兆2038億円を大幅に上回り、過去最高額となりました。物価が上昇している最中にもかかわらず、量的な金融緩和を強化したような格好となっていたのです。しかも債券市場の流動性を奪う格好で。

　　このような状況のなか行われた、3月10日の日銀の金融政策決定会合では、金融政策の現状維持が決定しました。3月10日の日本相互証券で、日銀の10年カレントの指し値オペの対象となっている368回債の利回りが、マイナス0.020%に低下していたのですが、これは完全に需給バランスが崩れたためです。

　　物価が上昇し、金利上昇圧力が強まるなか、長期金利を無理矢理抑え込むために、このような積極的な買い入れを実施した結果、日銀による2022年度の国債買い入れ額は、前年度から約63兆円増の135兆9890億円となりました。2016年度の115兆8001億円を超え、過去最高額となったのです。

日銀本館

日銀の国債保有残高が帳簿上100%を上回った

第10章　債券の歴史

10-18
日銀は植田新体制に

2023年3月20日に氷見野良三・前金融庁長官と内田真一・日銀理事が日銀副総裁に就任。4月9日には黒田前総裁の後任として、経済学者の植田和男氏が総裁に就任しました。

▶▶ 長期金利の変動幅を緩和

4月の日銀新体制発足以後、植田総裁は現時点ではイールドカーブ・コントロールによる金融緩和の継続が必要であり、拙速な政策転換のコストは「極めて大きい」との認識を示していました。

市場では、イールドカーブ・コントロールの修正をはじめとして、早急に政策変更への道筋を示すであろうという期待があったのですが、結局、イールドカーブ・コントロールの修正が行われたのは、7月28日の金融政策決定会合に置いてでした。

日銀は「長期金利の変動幅は±0.5%程度を目途とし、長短金利操作について、より柔軟に運用するとし、10年物国債金利について1.0%の利回りでの指値オペを、明らかに応札が見込まれない場合を除き、毎営業日、実施するとしました。

目途と言う言葉を使って「±0.5%程度」を形骸化させ、実質的には1.0%を上限としたのです。これは債券市場の機能も意識したとありましたが、やはり念頭にあったのは円安対応と、日銀ができる範囲の物価への対応であり、金融政策の正常化を意図したものではありませんでした。

これに対し9月9日の読売新聞とのインタビューで、日銀の植田総裁は「物価目標の実現にはまだ距離がある」としながらも、マイナス金利解除を選択肢としてあげました。マイナス金利の解除後も物価目標の達成が可能と判断すれば「やる」と発言。また「ビハインド・ザ・カーブを積極的に許容するというわけではない」とも発言していました。

▶▶ 日米金利差への対応見通し

　原油価格の上昇などもあり、米国の長期金利が再び上昇してきており、日米金利差というかFRBと日銀の金融政策の方向性の違いによって円安も進行してきました。植田総裁はインタビューで年内にも判断できる材料が出そろう可能性があることも示唆していました。

　長期金利は10月に入り、0.8％台と2013年8月以来の高い水準を付けてきました。これは9月9日のインタビューで植田総裁が、長期金利が現状の0.6％台半ばから経済・物価情勢に合わせてさらに上昇することにも理解を示したことも要因ですが、米長期金利の上昇や国内の物価が高止まりしていることも背景にありました。

2023年から日銀総裁に植田和男氏が就任

就任式にあたって岸田総理との
会談を行った

▲植田和男
　日銀総裁

出典：内閣官房内閣広報室

第10章　債券の歴史

日本の長期金利は本格的な
上昇トレンド入りか

ここまで日本の債券市場の歴史を振り返ってきました。2000年以降、日本の長期金利は2006年5月に2.005%まで上昇しましたが、2%を超えたのは一時で、その後は再び長期金利は2%以下で推移していました。

▶▶ 低い水準んで推移していた長期金利

2006年半ばに、それまで高騰を続けていた米国の住宅価格が下落に転じ、サブプライム問題が発生。これをきっかけに2008年9月にリーマン・ショックが起き、世界的な金融経済危機が発生。これにより日本の長期金利は再び低下傾向となり、2008年には1.155%まで低下しました。

2010年1月に欧州委員会がギリシャの統計上の不備を指摘したことが報道され、ギリシャの財政状況の悪化が表面化し、今度は欧州の信用不安が世界の金融市場を震撼させました。8月に日本の長期金利は2003年以来7年ぶりの1%割れとなりました。

それ以降も日本の長期金利は低下を続け、2016年の日銀のマイナス金利政策を受けて、一時マイナスに沈んだ。その後の9月の日銀の長期金利コントロール政策導入後、11月に入りプラスを回復しました。

しかし、米国のトランプ大統領による米中貿易戦争が悪化の一途をたどり、世界的に長期金利が低下し、日本の長期金利は2019年8月から9月にかけて、マイナス0.3%近くまで低下した。

その後、2020年あたりから徐々に切り返す格好となっていました。とはいえ日銀が半ば強引に指値オペなどにより長期金利を押さえつけたことで上昇余地も限られていたのです。

▶▶ 長期金利上昇へのトレンドへ

　それが2022年12月の長期金利コントロールの上限の0.5%への引き上げ、2023年7月の1%引き上げによって、やっと長期金利が回復してきたのです。そこに9月9日の日銀総裁発言によって長期金利の上昇に拍車が掛かった格好となりました。

　日本の長期金利が0.8%台を付けるのは2013年8月以来です。さらに長期金利が上昇トレンドをしっかり形成してきたのは、1990年以降初めてともいえます。

　1985年から1990年にかけて債券市場はディーリング相場によってやや荒れていたことを考慮すると、日本の債券市場が本格的に稼働してきてから、はじめての長期金利の上昇トレンド入りということもいえるのかもしれません。

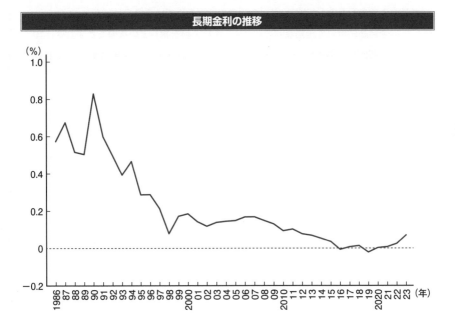

長期金利の推移

column

金利復活に備えた準備を

西村康稔経済産業相は2023年9月19日の閣議後の記者会見で、政府が10月にまとめる経済対策について「やがてくるであろう金利高を乗り越えていける中小企業の体質強化も必要だ」と述べていました。

読売新聞は2023年9月9日の朝刊一面で、日銀総裁の単独インタビュー記事を一面に掲載しました。このインタビュー記事の内容で注意すべきは「物価目標の実現にはまだ距離がある」としながらも、マイナス金利解除を選択肢としてあげたことです。さらに政府関係者が「金利高」という言葉を使い始めたのは興味深いです。やがてくるであろうの「やがて」がどの程度の期間をみているのでしょうか。

この金利高について短期金利ではなく、長期金利を指しているのだとすれば、10年国債の利回り（長期金利）は0.8%台に上昇しており（2023年10月現在）、これは2013年8月以来の高い水準となっています。

米長期金利の上昇と、それによる日米金利差の拡大、それによる円安といった動きとなり、その円安にブレーキを掛けるためにも、日銀には金融政策の正常化が求められます。どのような理由であろうと物価そのものが上昇している状況下で、物価の番人がそれを止めるどころか、加速させかねない政策を続けることに大きな矛盾が存在しています。その矛盾が表面化してきており、政治家からも金融政策の正常化、つまりは金利の上昇に備えるべきとの言葉が出てきたことは意味があります。

政府にとってはなるべく国債の利回りは抑えたい。国債の利回りが上昇すると利払い費の増加に繋がるだけでなく、いわゆる放漫財政はこれからは困難になることが予想されます。

財務省の2024年度予算で想定する長期金利は1.5%かとの報道もありました。そのまま適用されれば長期金利が1.5%を超えて上がらない限りは利払い費は想定内となりますが、それ以上に上がると費用増となります。

1.5%は遠いようにみえますが、6%とか7%とかの長期金利を経験した身としては、それほど遠い数値にはみえません。金利が動くと大きく状況は変わります。それがどのように変わるのか、西村経済大臣に言われるまでもなく準備をしておく必要はあるでしょう。

資料

・債券の近代史年表

DATA
債券の近代史年表

日本で初めて国債が発行されてからの、主に国債を中心とした日本の債券の歴史を年表としてみました。1998年あたりから国債に対していろいろな施策が講じられてきたことが、これでわかるかと思います。

年代	時代		出来事
1869年		3年	鉄道敷設を目的とした九分利付外貨国債をロンドンで発行
1871年		5年	旧・新公債を発行
1877年		11年	企業公債発行（最初の一般公募国債発行） 東京・大阪に株式取引所創設（新旧公債、秩禄公債を上場）
1881年		15年	日本銀行開業（預金取引、貸出等を開始）
1883年		17年	大蔵省証券条例公布、日銀国債事務取扱い開始
1885年		19年	整理公債条例公布、政府短期証券の発行
1887年		21年	市制・町村制公布（地方債制度の確立）
1889年	明治	23年	旧商法公布（社債制度の導入） 大阪鉄道社債発行（最初の社債）
1898年		31年	第1回割増金付勧業債券発行（最初の金融債）
1899年		32年	新商法公布（株式と社債の区別を明確化） 神戸市水道公債をロンドンで募集（最初の外貨地方債）
1903年		36年	京釜鉄道債発行（最初の政府保証債）
1905年		38年	担保付社債信託法公布
1906年		39年	国債整理基金特別会計法 国債ニ関スル法律公布（7月施行、国債登録制度創設）
1910年		43年	わが国最初の国債引受シンジケート団結成
1920年	大正	9年	東京株式取引所に国債市場を分設
1923年		12年	関東大震災
1932年		7年	歳入補填公債の日本銀行引受 日銀所有国債の対市中売却実施
1933年		8年	社債浄化運動
1939年		14年	第2次世界大戦勃発
1943年	昭和	17年	日本銀行法公布
1946年		21年	法人に対する政府の財政援助の制限に関する法律公布 金融緊急措置令・日本銀行券預入令を公布
1947年		22年	財政法公布（国債及び借入の制限、国債の日銀引受の原則的禁止）
1948年		23年	証券取引法改正公布

1949年	昭和	24年	戦後初のマイナス成長 1ドル＝360円の単一為替レートを設定 日本銀行政策委員会の設置
1952年		27年	東京都債発行
1953年		28年	国鉄及び電々公社の政府保証債の発行開始（戦後初の政府保証債）、特別減税国債発行
1956年		31年	東京証券取引所に債券流通市場開設
1959年		34年	産投外債を米国で公募（戦後初の外債）、準備預金制度発動
1964年		39年	東京オリンピック開催（10月）
1965年		40年	山一證券・大井證券に対して特別融資を銀行経由で実施
1966年		41年	均衡財政主義の転換 40年度の歳入補てんのための国債（7年債）を発行（1月） シ団引受を開始
1967年		42年	日銀、買入債券の対象に発行後1年経過の国債を追加（1月）
1968年		43年	特別マル優制度導入・減債制度の確立（4月）
1969年		44年	公定歩合を年利建に移行（9月）
1971年		46年	ニクソンショック（8月）
1972年		47年	国債の年限延長（7年→10年）（1月）
1973年		48年	変動為替相場制に移行（2月）、第1次石油ショック（10月）
1974年		49年	全国企業短期経済観測調査（日銀短観）を開始
1975年		50年	歳入補てんのための特例国債を発行開始
1976年		51年	割引国債（5年）発行開始（1月）
1977年		52年	中期割引国債を発行（1月） 長期国債の店頭気配発表開始（2月） 特例国債の流動化開始（発行1年経過後売却可）（4月） 建設国債の流動化開始（発行1年経過後売却可）（10月）
1978年		53年	中期国債（3年債）を公募入札方式で発行（6月）
1979年		54年	国債の大口売買取引制度の導入（4月） 7項目の総合国債管理政策（5月） 中期国債（2年債）の公募入札開始（6月） 債券の評価方法の変更（定価法もしくは原価法の選択）（12月）
1980年		55年	中期国債ファンド発売（1月） 国債振替決済制度の導入（2月） ロクイチ国債暴落（4月） 5項目の総合国債管理政策（5月） 中期国債（4年債）の公募入札開始（6月）
1981年		56年	長期国債（6年債）の直接発行（9月） 中期国債の直接発行開始（9月）
1982年		57年	中期国債の定率公募方式を開始（11月）

資料

資料　債券の近代史年表

1983年	昭和	58年	15年変動利付国債の直接発行（2月） 金融機関により国債の募集の取扱い開始（4月） 中期国債及び割引国債の店頭気配の発表開始（8月） 20年利付国債の発行（私募形式）（9月） 国債借換問題懇談会
1984年		59年	金融機関による国債のディーリング開始（認可制で償還まで2年未満の公共債に限定）（6月）
1985年		60年	国債整理基金特別会計法改正（短期国債、借換債の前倒し発行等）（6月） 金融機関によるディーリング本格化（認可行の拡大、残存期間の制限の撤廃）（6月） プラザ合意（9月） 東京証券取引所に債券先物市場創設（10月）
1986年		61年	短期割引国債の公募入札開始（2月） 固定利付債（20年）の公募発行開始（10月） 東京オフショア市場創設（12月）
1987年		62年	89回債の利回りが2.55%まで低下（5月） 6兆円規模の緊急経済対策 ロンドン国債金融先物取引所（LIFFE）に日本国債先物上場（7月） タテホショック（9月） 20年債の公募入札開始 ブラックマンデー（10月） 10年債の引受額入札方式導入（発行額の20%）（11月）
1988年		63年	郵便局による国債の窓販開始（6月） 東京証券取引所に20年国債先物上場（7月）
1989年	平成	元年	消費税導入（4月） シ団10年債の部分的競争入札制度の導入（発行額の40%） 選択権付債券売買取引（債券店頭オプション）市場創設
1990年		2年	特例国債発行ゼロ 東京証券取引所に先物オプション上場（5月） シ団10年債の入札割合を40%から60%に拡大（10月）
1991年		3年	10年債入札結果の即日発表（4月） 日銀ネット（国債関係事務）稼働（5月） 湾岸TB発行
1992年		4年	外国法人のTB償還差益非課税措置（4月）
1993年		5年	シンガポール国債金融取引所（SIMEX）に日本国債先物上場
1994年		6年	マル優枠の拡大（350万円）（1月） 国債の公募入札開始（2月） 減税特例国債の発行・震災特例国債の発行（4月）
1995年		7年	特例公債発行再開 国債資金同時受渡システムの稼働を開始（4月）

1996年	平成	8年	阪神・淡路大地震（1月） 東京証券取引所に5年国債先物上場（2月） 20年国債の四半期毎入札の導入 財政健全化目標の設定（12月）
1997年		9年	財政構造改革の推進に関する特別措置法成立（11月）
1998年		10年	債券小口取引の市場取引義務撤廃 中期国債の非競争入札開始（4月） 日本国有鉄道清算事業団の債務等の処理に関する法律施行（政府保証債だった国鉄清算事業団債が国債に承継される）（10月） 国鉄長期債務及び国有林野累計債務の継承に伴う借換債発行 緊急経済対策発表（11月） ムーディーズが日本国債をAaa（トリプルA）からAa1（ダブルA1）に引き下げ 財政構造改革の推進に関する特別措置法停止法成立（12月） 運用部ショック
1999年		11年	繰上償還条項の撤廃（1月） 日銀ゼロ金利政策（2月） 入札日程及び発行額の事前公表開始（3月） 有価証券取引税、取引所税の廃止 TB・FB源泉税廃止（4月） FBの公募入札開始 TB1年物の公募入札開始 債券先物オプション短期限月の導入（6月） 30年利付国債発行、非居住者の利子課税免除（9月）
2000年		12年	5年利付国債発行（2月） 時価会計がスタート（企業審議会）（4月） 国債入札結果発表時間の繰上げ（14時半から14時） 15年変動利付国債の公募入札開始（6月） 日銀ゼロ金利政策を解除（8月） 債券先物のスプレッド取引開始予定 国債市場懇談会の開催開始（9月） ムーディーズが日本国債をAa1からAa2に引き下げ 債券先物・オプションのイブニングセッション開始 3年割引国債発行（11月）
2001年		13年	日銀により即時グロス決済（RTGS）化開始（1月） 東京証券取引所の国債の上場日を発行日に変更 日銀は公定歩合をロンバート化（2月） 日銀、無担保コールレートから日銀当座預金残高に操作目標を変更（量的緩和政策）（3月） リオープン（即時銘柄統合）方式の導入 財投債の発行開始、運用部の国債買い切り停止（4月）

資料

資料　債券の近代史年表

			東京証券取引所の債券先物立会外取引開始予定 非居住者が保有する国債の利子非課税制度の適用対象拡充 入札結果発表時間の繰上げ（14時から13時半に変更）（5月） TB・FBの応募価格の単位の変更（TBは5厘から1厘、FBは1厘から1毛）（6月） 米国同時多発テロ（9月） ムーディーズが日本国債をAa2からAa3に引き下げ（12月）
2002年	平成	14年	日銀国債買い入れオペ対象、発行年限別の直近発行2銘柄を除くに拡大（1月） 10年国債より、シ団引き受け縮小（38％）（3月） ペイオフ解禁（4月） 入札結果発表時間の繰上げ（13時半からに13時に変更） 国債投資家懇談会を開催 5月債から10年国債の価格競争入札シェアを75％に引き上げ、引受手数料を39銭に引き下げ S＆Pが日本国債をAAからAA－に格下げ 財務省は欧米の格付け会社三社に対して、日本国債の格付けに関する「意見書」を送付 ムーディーズが日本国債をAa3からA2に引き下げ（5月）
2003年		15年	国債ペーパーレス化（1月） 国債バイバック開始（2月） 個人向け国債発行（3月） 5月債から10年国債の価格競争入札シェアを80％に引き上げ（5月）
2004年		16年	WI取引開始（2月） 10年国債の競争入札比率を5月債から85％に引き上げ、引き受け手数料は23銭に引き下げ（2月） 物価連動国債の発行、S＆Pは日本のアウトルックを「ネガティブ」から「安定的」に変更（3月） 国債市場特別参加者制度がスタート（10月）
2005年		17年	国債に係る海外説明会（IR）の開催（ロンドン、ニューヨーク）（1月） 10年年国債の競争入札比率を4月債から90％に引き上げ、入札時の刻み幅が5銭から1銭に（4月） 物価連動国債に係る譲渡制限の緩和（外国法人等を譲渡対象に追加）。海外投資家が日本国債を非課税で保有する際に必要となる諸手続の簡素化 国債清算機関の業務開始。国債に係る海外説明会（IR）の開催（香港、シンガポール））5月 国債入札は国債の発行予定額を上限に。国債応札の刻み幅、2年債は5厘単位、6か月TB5毛・FB一毛単位に変更。 15年変国の入札方法を価格コンベンショナル方式に移行（7月）

2006年		18年	固定利付タイプの5年満期の新型個人向け国債発行。財務省が金利スワップ取引開始。買入消却の対象を全銘柄に拡大。第三回国債に関わる海外説明会（アムステルダム、パリ、ロンドン、フランクフルト）（1月） 日銀、量的緩和政策を解除。国債引受シンジケート団3月末で廃止（3月） 市中からの国債買入消却毎月1500億円実施。国債の流動性供給入札実施（4月） S＆Pは日本のアウトルックを「安定的」から「ポジティブ」に変更（5月） ムーディーズが日本政府の債務格付けA2の見通しを「安定的」から「ポジティブ」に引き上げ（6月） 日銀、ゼロ金利政策を解除。無担保コール翌時物金利の誘導目標0.25%に引き上げ。「補完貸付制度」の基準金利（公定歩合）も0.1%から0.4%に引き上げ（7月） 国債の入札発表時刻が現在の13時から15分繰り上げられ12時45分に（12月）
2007年	平成	19年	日銀、無担保コール翌時物金利の誘導目標0.50%に引き上げ。補完貸付制度の基準金利も0.4%から0.75%に引き上げ（2月） S＆Pが日本の長期ソブリン格付けと長期優先債券格付けをAA－からAAへ1ノッチ引き上げ（4月） ムーディーズが日本の格付けA2を引き上げ方向で見直し（7月） ムーディーズが日本政府の円建て国内債券（日本国債）の格付けをA2からA1に引き上げ（10月） 40年国債発行（11月）
2008年		20年	債券先物、初めてサーキットブレーカー制度が発動（4月） 日銀、マネーサプライ統計を見直しマネーストック統計の公表を開始（6月） 日銀、金融政策運営の枠組みのもとでの情報発信の充実についてを公表（7月） リーマンショック（9月） 日銀、FRBとの米ドル・スワップ取極を締結し、米ドル資金供給オペレーションを開始（9月） 物価連動国債等の発行予定額の減額等（発行取り止め）（10対） 日銀、補完当座預金制度に基づく付利を開始（11月）
2009年		21年	日銀、企業金融支援特別オペレーションを開始（1月） 東証、ミニ長期国債先物取引開始（3月） 日銀、FRBとの円供給を目的としたスワップ取極を締結（4月） ムーディーズ、日本政府の自国通貨建て債務格付けをAa3からAa2に引き上げ（5月） 国債などを担保とした期間3か月程度の期間、10兆円規模の新型オペ導入、中長期的な物価安定の理解の明確化（12月）

資料

2010年	平成	22年	S&Pは日本ソブリンのアウトルックをネガティブに変更（1月） 日銀、成長基盤強化を支援するための資金供給についての概要を発表（6月） 長期金利1％割れ（8％） 政府は2004年3月16日以来となる為替介入を実施（9月） 日銀、包括緩和策を決定。実質的なゼロ金利政策を再開、時間軸政策、基金オペの実施（10月） 財務省、個人向け国債の商品性の改善を発表（12月）
2011年		23年	S&Pは日本の外貨建て・自国通貨建ての長期ソブリン格付けをAAからAA－に引き下げ（1月） 東日本大震災（3月） S&Pは日本のアウトルックを「ネガティブ」に変更、格付けは据え置き（4月） S&P、米国の長期格付けを最上位のAAAからAA＋に1段階引き下げ（8月） ムーディーズ、日本政府の自国通貨建て・外貨建て債務格付けをAa2からAa3に一段階引き下げ。見通しは安定的に変更（8月） R&Iは日本の発行体格付をモニター（格下げ方向）に指定すると発表（11月） 東証は債券先物においてTdex＋システム稼働。取引時間変更、8時45分～11時2分、12時30分～15時2分、EVは～23時30分（11月） R&I、日本の外貨建て・自国通貨建て発行体格付けをAAAからAA＋に引き下げ、国内格付け会社として初の日本国債格下げ（12月）
2012年		24年	2011年の貿易収支は2兆4927億円の赤字となり、31年ぶりの貿易赤字に（1月） 日銀は物価安定の目途（コアCPIの1％）を示すことにより、実質的なインフレ目標策を導入（2月） 国債取引の決済期間がT＋3からT＋2に短縮（4月） 東京証券取引所においてシステム障害が発生（8月） 日銀は資産買入等基金の規模を11兆円増額、貸出支援基金を設立、政府と日銀の共同文書を公表（10月） スイスの長期金利は0.42％台をつけ、歴史上の過去最低記録を更新（11月） 日銀は資産買入等の基金を101兆円程度に10兆円程度増額（12月）
2013年		25年	日銀は2％の物価目標の導入を決定、期限を定めない資産買入方式も導入、政府・日銀は共同文書発表（1月） 日銀は量的・質的金融緩和を導入、金融市場調節の操作目標をマネタリーベースに変更（4月） 10年債利回りが0.315％と過去最低を更新（4月）

2014年	26年	新日銀ネットは第一段階稼働（1月） 東京証券取引所と大阪証券取引所はデリバティブ市場を統合（3月） TDBでマイナス金利発生（7月） LIFFEで長期国債先物の取引廃止（9月） 国債の入札として初めてのマイナス金利が発生（10月） 日銀は量的・質的緩和の拡大を決定（10月） 2年債の利回りが初のマイナスに（11月） ムーディーズは日本国債の格付けをAa3からA1へ引き下げ（11月） 利付き国債の入札において初のマイナス金利に（12月）
2015年	27年	国債のリオープンでの発行方式の変更（4月） 新たな超長期国債先物がスタート（7月） 新日銀ネット、第一段階対象業務以外の業務稼働（10月） 債券先物上場30周年（10月） 日銀の金融緩和の補完措置を決定（12月）
2016年	平成 28年	中国の「サーキットブレーカー」制度の導入が市場を混乱に（1月） WTI先物は12年ぶりに1バレル当たり30ドル割れに（1月） 日本の長期金利は0.190%と過去最低を更新（1月） 日銀はマイナス金利付き量的・質的緩和の導入決定（1月） 日本の長期金利が初のマイナスに（2月） マイナス金利がスタート（2月） ECB政策理事会で包括的な金融緩和政策を決定（3月） 伊勢志摩サミット（5月） R&Iは日本国債の信用度を示す格付けの方向性を「安定的」「ネガティブ」に（6月） ドイツの長期金利が初のマイナスに（6月） 英国は6月23日に行われた国民投票でEU離脱を選択（6月） S&Pは英国の最上位トリプルA格付けを2段階引き下げAAに（6月） 米国やドイツ、英国の長期金利が過去最低を更新。日本の20年債利回りも初のマイナスに（7月） イングランド銀行が利下げや量的緩和を含む包括緩和を決定（8月） 長短金利操作付き量的・質的金融緩和を決定、物価目標は総合からコアに置き換え（9月） インドで高額紙幣が突然無効に（11月） 米大統領選挙でトランプ氏が勝利（11月） 日銀による初の国債の指し値オペ実施（11月） イタリアの国民投票で憲法改正が否決され、レンツィ首相は辞任（12月） ECBは資産買い入れプログラムの期間を2017年末まで延長（12月） FOMCで政策金利を年0.25〜0.50%から0.50〜0.75%への引き上げを決定（12月）

資料

2017年	29年		日銀が国債買い入れ日の事前公表開始（2月） 消費者物価指数（除く生鮮）が2015年12月以来のプラスに転じる（3月） FOMCでは政策金利を年0.50～0.75％から0.75～1.00％への引き上げを決定（3月） ムーディーズ、中国の人民元建てと外貨建ての国債格付けをAa3からA1に1段階引き下げ（5月） 日本の長期金利が再びマイナスに（9月） ダウ平均、ナスダック、S&P500の主要3指数が過去最高値を更新（10月） 日経平均はバブル後の高値を更新（11月） トランプ大統領は次期FRB議長にパウエル理事を指名（11月） イングランド銀行は10年ぶりに利上げを決定した（12月） FOMCで政策金利を年1.00％～1.25％から1.25％～1.50％への引き上げを決定（12月）
2018年	平成 30年		米政府機関が一部閉鎖（1月） パウエル理事は5日にFRB本部内で宣誓式を行い、第16代議長に正式就任（2月） ダウ平均は過去最大の下げ幅、日経平均は一時1600円を超す下げに（2月） FOMCでは政策金利を年1.25％～1.50％から1.50％～1.75％への引き上げを決定（3月） 日銀、雨宮正佳副総裁と若田部昌澄副総裁が就任（3月） 国債の決済期間T+1がスタート（5月） FOMCでは政策金利を年1.50～1.75％から1.75～2.00％への引き上げを決定（6月） 1兆円を超える過去最大規模の日本国債の空売り（7月） 日銀は強力な金融緩和継続のための枠組み強化を決定（長期金利操作目標を柔軟化）（7月） トルコリラ急落（8月） 日銀の総資産が日本のGDPを上回る（8月） ベネズエラは通貨の単位を5桁切り下げるデノミネーション（デノミ）を実施（8月） FOMCにおいて政策金利を年1.75～2.00％から2.00～2.25％に0.25％に引き上げ（9月） ECBは量的緩和（QE）を終了させることを正式に決定（12月） FOMCで政策金利を2.25～2.50％に0.25％引き上げることを決定（12月） ニューヨーク株式市場でダウ平均は1086ドル高と過去最大の上げ幅に（12月）

2019年	令和	元年	再び日本の長期金利がマイナスに（1月） 毎月勤労統計の不適切調査問題（1月） FOMCでは金融政策の現状維持としたが、利上げ停止を示唆（1月） 1万円札流通高が初めて100兆円を突破（2月） ECB理事会で貸出条件付き長期資金供給オペの第3弾を発表。利上げ時期を来年以降に先延ばし（3月） FOMCでは金融政策を現状維持、米国債など保有資産の縮小は9月末で終了することを表明（3月） ギリシャの長期金利が2006年1月以来の水準に低下（4月） 財務省は9日、千円、5千円、1万円の紙幣（日本銀行券）を2024年度上半期に一新すると発表（4月） 日銀はフォワードガイダンスを変更し明確化した（政策変更ではない）（4月） 平成から令和に（5月） 10年債利回りは2016年8月以来のマイナス0.100％に低下（5月） 債券先物が過去最高値を更新（6月） 欧州の国債利回りが軒並み過去最低を更新（7月） FOMCでは政策金利を年2.25〜2.50％から2.00〜2.25％に引き下げ（7月） 日本の長期金利がマイナス0.295％と過去最低に接近（9月） FOMCでは政策金利を年2.00〜2.25％から1.75〜2.00％に引き下げ（9月） ECB政策理事会で包括的な緩和策を決定（10月） 消費税が8％から10％に2％引き上げられる（10月） FOMCでは政策金利を年1.75〜2.00％から1.50〜1.75％に0.25％引き下げ（11月） ECB総裁にラガルド氏が就任（11月） FOMCでは金融政策の現状維持を決定（利下げ停止）（12月）

資料

2020年	令和	2年	中国で新型のコロナウイルスによる肺炎が発生し世界に拡大（1月） G7の財務相・中銀総裁は3日に緊急の電話会議を開いて対応策を協議（3月） FRBは3日に緊急のFOMCを開き政策金利を0.5％引き下げ（3月） 米国やドイツなどの長期金利は過去最低水準にまで低下（3月） イングランド銀行はMPCを開き、政策金利を0.50％引き下げ（3月） ECB理事会では、量的緩和政策の拡大を決めた（3月） FRBは15日臨時のFOMCを開いて政策金利を0.00〜0.25％に。量的緩和も復活（3月） ダウ平均は一時19000ドルを割り込み、米債も下落（3月） 18日の臨時のECB理事会で新たに7500億ユーロの枠を設け国債や社債などを購入（3月） 政府は臨時閣議で新型コロナウイルスの感染拡大に伴う緊急経済対策を決定（4月） 緊急事態宣言発令（4月） WTI原油の先物価格が初めてマイナスになる異常事態に（4月） 2020年度補正予算案を閣議決定（4月） 日銀は追加緩和策を決定、CP・社債等の追加買入枠を大幅に拡大（4月） 緊急事態宣言を全面解除（5月） EUは7500億ユーロの復興基金案ネクスト・ジェネレーションEU（次世代EU）を発表（5月） S&Pグローバル・レーティングは9日、日本国債の格付け見通しを下方修正（6月） 米財務省は過去最高となる1120億ドル相当を四半期定例入札で発行すると発表（8月） 米5年債利回りが過去最低を更新、ギリシャ10年債利回りが過去最低水準を更新（8月） 2020年4〜6月期の国内総生産（GDP）速報値は戦後最大の落ち込みに（8月） 世界の株式時価総額が8月末時点で89兆ドル強となり、過去最高を更新（9月） 菅内閣が発足（9月） FOMCで物価上昇率が2％に到達するまで利上げを見送ると宣言（9月） イタリアやギリシャの10年債利回りが過去最低を更新（10月） 日銀は地域金融機関の経営基盤強化に向けた取り組みを後押しするため特別制度を導入（11月） 米国大統領選挙では、民主党のバイデン前副大統領が勝利（11月） 7〜9月期実質GDPは1955年以降で1968年以来の約52年ぶりの大幅な伸びに（11月） バイデン氏は財務長官に前FRB議長のジャネット・イエレン氏を指名（12月）

| 2020年 | 2年 | 政府は臨時閣議で追加経済対策を決定（12月）
NTTファイナンスは社債の発行総額を1兆円で内定。国内で公募される社債の調達額として最大（12月）
FOMCでガイダンスを変更し、長期にわたり金融緩和の効果を与えることと表明（12月）
12月29日の東京株式市場で日経平均は1990年8月16日以来の高値に（12月）
米国株式市場では、S&P500種とダウ平均は過去最高値を更新しての年末の引けに（12月） |
| 2021年 | 令和
3年 | 米国でバイデン大統領が就任。財務長官にイエレン氏（1月）
日銀は金融政策決定会合で、長期金利の変動幅は±0.25%程度であることを明確化（3月）
3度目となる緊急事態宣言が発令（5月）
エルサルバドルはビットコインを法定通貨に（6月）
ECBは物価目標を「2%未満でその近辺」から「2%」に変え一時的な上振れを容認する姿勢を明確に（7月）
次期デリバティブ売買システム（J-GATE3.0）が9月21日に稼働（9月）
岸田文雄氏が第27代自民党総裁に就任（9月）
アラブ首長国連邦でドバイ国際博覧会が開催（9月）
菅義偉内閣が総辞職。自民党総裁の岸田文雄が第100代内閣総理大臣に就任（10月）
オーストラリア準備銀行（中央銀行）は2日に3年国債の利回り目標によるイールドカーブ・コントロールを停止すると発表（10月）
3日のFOMCで、米国債などの資産を購入する量的緩和縮小（テーパリング）を11月から始めると決めた（11月）
14日から15日にかけて開催されたFOMCでテーパリングの加速を決めた（11月）
ECBは16日の理事会で、コロナ危機で導入した緊急買い取り制度による新規資産購入を2022年3月末で打ち切ると決めた（12月）
イングランド銀行16日のMPCで政策金利を年0.1%から年0.25%に引き上げた。主要中銀でコロナ下で利上げに踏み切るのは初めて。（12月） |

資料

2022年	令和	4年	年初から円安が進行し、ドル円は5年ぶりの116円台を付けてきた（1月） イングランド銀行は3日の金融政策委員会（MPC）にて、政策金利を0.25%引き上げ0.5%とした（2月） 日銀は10日の夕刻に14日の日付指定で指値オペの実施を予告した（2月） 24日にロシア軍がウクライナの軍事施設へのミサイル攻撃を始めた（ウクライナ侵攻）（2月） ロシアの大手銀行をSWIFT（スイフト）から排除（3月） 小麦の先物価格が約14年ぶり高値に（3月） ビザとマスターカードがロシアでの業務を停止（3月） WTI原油先物は一時130.50ドルと期近物として2008年7月以来の高値を付けた（3月） FOMCでFF金利の誘導目標を0〜0.25%から0.25〜0.50%に引き上げを決定（ゼロ金利政策を解除）（3月） 個人の金融資産額は2000兆円突破（3月） 日銀は追加の政策を実施。連続指し値オペを実施すると発表した（3月） 日銀短観は7四半期ぶりの悪化（4月） 10年国債の利率が2016年2月以来の0.1%超えとなる0.2%に（4月） 円の実質実効レートはすでにニクソン・ショック以来の水準に下落（4月） 日銀の連続指し値オペの毎営業日化（4月） 米国の長期金利が3%台に上昇（5月） イングランド銀行は5日、政策金利を0.25%引き上げて年1%にすると発表した。利上げは4会合連続（5月） ドル円が131円台に（5月） 日本の外貨準備高が統計開始以降最大の減少（5月） 国内企業物価指数は前年比プラス10.0%、統計開始以降で最も高い水準に（5月） 4月の全国消費者物価指数、生鮮食品を除く総合指数は前年同月比でプラス2.1%に（5月） 5月の米消費者物価指数は前年同月比の伸び率が8.6%と40年5か月ぶりの水準に（6月） 債券先物のチーペストとなる356回の指し値オペを新たに加えた（6月） 米10年債利回りは一時、3.49%と2011年4月以来の水準に上昇（6月） FOMCでは0.75%の利上げを決めた（6月） スイス国立銀行は政策金利を従来のマイナス0.75%からマイナス0.25%に引き上げた。利上げは2007年9月以来（6月） 英国の5月の消費者物価指数は前年同月比9.1%の上昇と1982年3月以来の高い伸びに（7月） 14日の東京時間の外為市場でドル円は一時139円39銭まで上昇し、24年ぶり水準に（7月） 6月の米消費者物価指数は前年同月比の伸び率が9.1%と1981年11月の同9.6%以来の高い伸びに（7月）

2022年	令和	4年	6月の企業物価指数は前年同月比9.2%の上昇と1980年12月の10.4%以来の歴史的な水準に（7月）
			6月の英国の消費者物価指数は前年同月比9.4%の上昇と伸び率は1982年以来の高水準（7月）
			FOMCで0.75%の利上げを決めた（8月）
			イングランド銀行は4日、政策金利を0.5%引き上げて年1.75%にすることを決定（8月）
			7月の米消費者物価指数は前年同月比8.5%上昇と6月の9.1%から縮小（8月）
			7月の英国の消費者物価指数は前年同月比10.1%の上昇と1982年2月以来の高い伸びに（8月）
			欧州ではロシアが天然ガス供給を制限していることでエネルギー危機が発生（8月）
			ドイツの7月の生産者物価指数は前年同月比37.2%と1949年の統計開始以来記録的な伸び（8月）
			欧州の天然ガス価格は26日に過去最高値を更新（9月）
			ドル円は7月14日に付けた直近高値の139円38銭を上回り、約24年ぶりのドル高円安水準に（9月）
			英国でジョンソン首相の後任にトラス外相が選出（9月）
			日銀が14日、レートチェックを実施（9月）
			8月のコアCPIは前年同月比2.8%の上昇と消費増税の影響を除くと1991年9月の2.8%以来の上昇率（9月）
			FOMCで政策金利の0.75%引き上げを決定（9月）
			政府・日銀は22日、1998年6月以来、約24年ぶりとなる円買い・ドル売りの為替介入実施した（9月）
			債務悪化を懸念したトラスショックと呼ばれる金融市場の動揺が起きた（9月）
			英ポンドは変動相場制移行後の最安値を付け、イングランド銀行は英国債の購入を始めた（10月）
			英国のトラス首相はクワーテング財務相を解任。トラス首相自らが辞任を表明（10月）
			21日のニューヨーク時間にドル円は一時151円94銭まで上昇し、32年ぶりの円安水準に（10月）
			米10年債利回りが4.33%と15年ぶりの水準をつけた（10月）
			21日、24日には政府日銀が覆面介入を実施した模様（10月）
			英国でスナク氏が首相に就任（10月）
			ユーロ圏の10月の消費者物価指数速報値は前年同月比が10.7%の上昇と過去最高となった（11月）
			FOMCにおいて0.75%の利上げを決定（11月）
			イングランド銀行が1989年以来およそ33年ぶりの0.75%の利上げを決定（11月）
			暗号資産の交換業大手、FTXトレーディングが経営破綻（11月）

資料

資料　債券の近代史年表

2022年	4年	日本の7～9月期GDP速報値は4四半期ぶりのマイナス成長（11月） 10月の消費者物価指数（除く生鮮）は前年同月比で3.6%上昇と1982年2月以来の上昇率（12月） 12月の短観では大企業製造業DIは4期連続の悪化（12月） FOMCで0.5%の利上げを決め、利上げペースを減速（12月） ECB理事会で0.5%の利上げを決定（12月） 日銀は2長期金利の変動幅を従来の±0.25%程度から±0.50程度に拡大（12月） 10年債利回りが一時0.460%に上昇した（12月） 債券先物はサーキットブレーカーが発動し、一時145円52銭まで急落（12月） 11月の消費者物価指数（除く生鮮）は前年比3.7%上昇と40年11か月ぶりの伸びに（12月）
2023年	令和 5年	10年国債の利率が8年ぶりに0.5%に引き上げ（1月） 10年369回債の利回りが一時0.545%と0.5%を超えて上昇（1月） 貸付期間を5年とする共通担保資金供給オペレーションを実施（1月） 10年債の4銘柄で発行額に対する日銀の保有残高が帳簿上の計算で100%を上回った（1月） 日銀総裁の後任に植田和男氏、副総裁は内田真一理事、氷見野良三前金融庁長官（2月） 米銀SVBが経営破綻、シリコンバレーバンク（SVB）も事実上破綻（3月） ECB理事会では前回と同様に0.50%の利上げを決定（3月） 日銀の副総裁に元日銀理事の内田氏と元金融庁官の氷見野氏が就任（3月） FRBは予想通りの0.25%の利上げを決定（3月） 日銀植田総裁就任（4月） 2022年度のコア消費者物価指数は前年度から3.0%上昇と41年ぶりの水準に（4月） 日経平均株価は1990年8月1日以来の水準を付けバブル経済崩壊後の最高値を更新（5月） FRBは利上げ見送り、ECBは0.25%の利上げを決定（6月） 日銀は現状維持を全員一致で決定、英国は0.5%の利上げ（6月） FRBは予想通りの0.25%の利上げを決定（6月） 日銀は実質的に長期金利コントロールの上限を1%に引き上げ（7月） フィッチは米国の外貨建て長期格付けを「AAA」から「AAプラス」に引き下げ（7月） 米10年債利回りは2007年11月以来、英国は2008年10月以来、ドイツは2011年以来の水準に（8月） 金価格が初のグラム1万円超え（8月） ECBは0.25%の利上げで過去最高水準に。FOMCは利上げ見送り（9月） 日銀は金融政策の現状維持を全員一致で決定（9月） 米10年債利回りは4.54%と2007年10月以来、約16年ぶり水準まで上昇（9月）

Appendix

索引

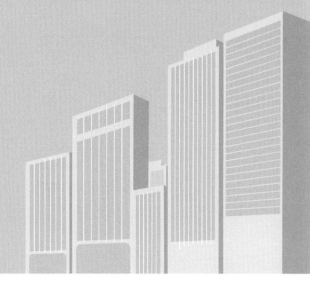

索引
INDEX

索引

索引

234

ま行

や行

索引

235

索
引

著者紹介

久保田　博幸（くぼた　ひろゆき）

1958年、神奈川県生まれ。慶應義塾大学法学部卒。

証券会社の債券部で14年間、国債を中心とする債券ディーリング業務に従事する傍ら、1996年に債券市場のホームページの草分けとなった「債券ディーリングルーム」を開設。幸田真音さんのベストセラー小説『日本国債』の登場人物のモデルともなった。専門は日本の債券市場の分析。特に日本国債の動向や日銀の金融政策について詳しい。現在、金融アナリストとしてヤフーニュースで記事を配信している。また、「牛さん熊さんの本日の債券」というメルマガを配信中。日本アナリスト協会検定会員。

主な著書として、池田書店『知っているようで知らない国債のしくみ』、パンローリング『日本国債先物入門』、すばる舎『聞け！是清の警告　アベノミクスが学ぶべき「出口」の教訓』、秀和システム『短期金融市場の基本がよ～くわかる本』などがある。

・「債券ディーリングルーム」http://fp.st23.arena.ne.jp/

図解入門ビジネス
最新債券の基本とカラクリが
よ～くわかる本 [第4版]

発行日	2023年11月 6日	第1版第1刷

著　者　久保田 博幸

発行者　斉藤　和邦
発行所　株式会社 秀和システム
　　　　〒135-0016
　　　　東京都江東区東陽2-4-2　新宮ビル2F
　　　　Tel 03-6264-3105（販売）Fax 03-6264-3094
印刷所　三松堂印刷株式会社　　　　Printed in Japan

ISBN978-4-7980-7050-6 C2034